Kinderturnen

Elke Gusek / Michael Medler
Rüdiger Räupke / Björn Robinson / Arnd Schuster

Kinderturnen

Flensburg 1999

5. Auflage

24944 Flensburg · Telefon (04 61) 3 43 44 · Telefax (04 61) 31 17 49

Zeichnungen: Michael Medler, Flensburg
Herstellung: Evert-Druck, Neumünster
ISBN 3-9800 188-9-X

Inhaltsverzeichnis

1. Einleitung

Turnen ist die Kinderstube des Sports, Kinderturnen ist deshalb eine wichtige Aufgabe für Schule und Verein. Noch vor Jahren galt dies als Selbstverständlichkeit. Das Gerätturnen jedoch, wie es sich heute vielerorts präsentiert, hat Anhängerschaft eingebüßt und seine Anziehungskraft bei vielen Kindern und Jugendlichen verloren.

Trotz des verbreitet negativen Erscheinungsbildes gibt es bei den Verantwortlichen jedoch kaum Zweifel an der Bedeutung des Turnens für die motorische Entwicklung von Kindern und ihre physische Grundausbildung, um so mehr, als zivilisationsbedingt zunehmender Bewegungsmangel auch schon bei den Kleinsten deutliche Spuren hinterläßt. Dieses mahnt uns, das Turnen nicht einfach aufzugeben, sondern die in ihm liegenden Chancen zu nutzen. Denn — bei aller Kritik — es gibt keine Sportart, die die körperlichen Aktivitäten von Kindern so vielseitig herausfordert und die motorische Entwicklung so umfassend fördern kann.

Im Aufzeigen dieser Möglichkeiten liegt der Schwerpunkt dieses Buches. Daß es, um den Blick dafür zu öffnen, besser ist, die inhaltliche Vorgabe durch „Turnen an Geräten" als durch das belastete „Gerätturnen" zu kennzeichnen, und wie der Unterricht gestaltet werden muß, damit er gesundheitlich wirksam ist, wird zu Beginn ausführlich diskutiert. Der anschließende praktische Teil holt die Kinder dort ab, wo sie sich am liebsten befinden: auf einem Spielplatz, auf dem Turngeräte zu vielfältigen Kunststücken herausfordern.

Zur Verwirklichung dieser Ideen sind keine neuen Geräte, keine anderen Geräte erforderlich, lediglich eine vielfältigere Nutzung des traditionellen Bestandes in unterschiedlichsten Aufbauten und Zusammenstellungen. Aus diesem Grunde und wegen des deutlichen Mißverhältnisses zwischen der Größe und der Schwere der Geräte einerseits und der Kraft der Kinder andererseits haben wir auch dem Umgang mit den Geräten und der Anregung zur Vielfalt der Aufbauten unsere besondere Aufmerksamkeit gewidmet.

2. Die Situation des Gerätturnens als Schulsportart

Die Situation des Gerätturnens hat sich in den letzten Jahren trotz einiger Anstrengungen seiner Befürworter und trotz verbreiteter Zugeständnisse hinsichtlich seiner Bedeutung für die körperliche Ausbildung nicht verbessert. Im Gegenteil: Die Konkurrenz durch Spielsportarten und freizeitrelevante Angebote ist noch größer geworden, und ein hinterer Platz in der Schülergunst hat sich — bis auf wenige Ausnahmen — gefestigt.

Es ist die Art und Weise, wie sich das Gerätturnen darstellt, und es sind ungeliebte Erfahrungen bei seiner Vermittlung, die das negative Erscheinungsbild prägen. Von den ehemals vielen Mehrzweckgeräten zum Klettern, Hängen, Schwingen und Balancieren ist kaum mehr etwas übrig geblieben. Die Schulsporthallen sind „spielglatt" hergerichtet, und die Gerätenutzung ist am Leistungsturnen orientiert. Das gleiche gilt für das Übungsangebot, dokumentiert in den Lehrplänen und in seinen wettkampfbetonten Ausprägungen, z.B. in den Bundesjugendspielen. Das Programm aus zweiter Hand mit dogmatischen Bezugsnormen und schematischen Bewegungsabläufen läßt wenig Raum für Phantasie und Selbsttun. Dem am Kunstturnen ausgerichteten Gerätturnen fehlt inzwischen jegliche Vorbildfunktion. Die turnerischen Leistungen haben sich in circensische Höhen entwickelt, die allenfalls zum Staunen, nicht aber zum Mittun motivieren.

Die selbst mit dem normalen Übungsgut des Gerätturnens untrennbar verbundene Mühe und der für das Vorankommen erforderliche Fleiß sind dem einen Befriedigung — um so größer, je härter der Erfolg erarbeitet wurde —, dem anderen jedoch Plage und die Erkenntnis, es niemals zu schaffen. Solche Erfahrungen des „Alles-oder-Nichts" sind auch mit dem erzieherischen Seitenblick auf Beharrlichkeit und Frustrationstoleranz wenig geeignet, den Beliebtheitsgrad dieser Sportart zu verbessern. Das Image des Gerätturnens wird sicherlich auch kaum durch die Beschwörung seiner Bildungs- und Erziehungsfunktion aufgewertet (vgl. SÖLL 1973, 1990), eher schon durch eine Rückbesinnung auf seinen einzigartigen Bewegungsfundus. Die diesbezüglichen Attribute sind vielfältig: „Spiel mit der Schwere" (STREICHER in: SEYBOLD 1981, 19), „Spiel mit der Bewegung" (SÖLL in: CZWALINA 1988, 42), „Eroberung des Raumes" (SÖLL 1990, 108), „raumorientierte Bewegung" (DÖRRER 1976,5), unaustauschbare materiale Umwelterfahrung (vgl. DIECKERT 1988, 249). An der selbstverständlichen Bedeutung dieser Seite des Gerätturnens gibt es keinen Zweifel. Über seine Unersetzbarkeit und Unverzichtbarkeit ist man sich einig wie ,,anscheinend ganz instinktiv'' darüber, ,,daß man etwas Wesentliches, geradezu Unwiederbringbares verlieren könnte, wenn man dieses Ärgernis des Schulsports vollends abschaffen würde'' (SÖLL 1990, 107).

Ohne Zweifel gibt es keine Alternative für die Aufgabe der Entfaltung des kindlichen Bewegungsvermögens sowie für die Reizsetzung der körperlichen Entwicklung. Von besonderem Interesse sind die koordinativen und muskulären Möglichkeiten. Im koordinativen Bereich ist es das Angebot raumorientierten Bewegens, sind es die weit über die sonstigen Dimensionen menschlichen Bewegungslebens hinausgehenden Weisen des ,,hoch-tief, oben-unten, hin-her, unten durch-oben drüber und hinauf-hinab'' (DÖRRER 1976, 5), deren Attraktion gegenüber anderen Sportarten vor allem darin besteht, daß der Übende von den Beinen geholt wird. Im muskulären Bereich ist es vor allem der Einsatz der oberen Extremitäten und des Rumpfes, der anderen Schulsportarten verschlossen ist, d.h. über diese auch nicht gewonnen werden kann.

3. „Gerätturnen" oder „Turnen an Geräten"?

Die Vielfalt des turnerischen Angebots hat durch die Entwicklung des Turnens in Richtung auf das leistungsorientierte Kunstturnen eine deutliche Einschränkung, ja Verarmung erfahren. Die damit verbundene Ausrichtung didaktischen und methodischen Denkens an Bewegungsstrukturen (deren Ausdruck u.a. eine immer komplizierter anmutende „Turnsprache" ist), nicht aber an pädagogischen Notwendigkeiten, ist wesentlich mitverantwortlich für die Unbeliebtheit dieser Sportart; auf diesen Zusammenhang haben wir schon an anderer Stelle hingewiesen (vgl. MEDLER/RÄUPKE 1983). Auch der Aufschrei DIECKERTs bereits im Jahre 1959 — „Zersägt die Barrenholme!" — ist in diesem Sinne zu interpretieren.

Aktuelle Anstrengungen, dem Gerätturnen wieder auf die Beine zu verhelfen, reichen von kleineren Anregungen und Ausschnitten — wie etwa SCHWOPEs „Turngeräte wiederentdecken" (1988) oder das „Spielturnabzeichen" (SCHWÄBISCHER TURNVERBAND 1988, 137) — bis hin zu gesamtkonzeptionellen Vorschlägen einer Neubesinnung — wie z.B. DIECKERTs „Dritter Weg" eines vielfältigen freien Turnens an Geräten (vgl. DIECKERT in: CZWALINA 1988), FUNKEs „Ästhetische Selbsterziehung" (1989) oder TREBELs „Spielen und Bewegen an Geräten" (1983). Angesichts solcher Aufweichungen strukturellen Denkens versteigt sich die konservative Richtung zu dem Vorschlag, dann doch eher auf das Gerätturnen im Schulsport ganz zu verzichten (vgl. SÖLL 1990), während auf der anderen Seite unter dem dann zutreffenderen Sammelbegriff „Turnen an Geräten" (vgl. SEYBOLD 1990) die Chance gesehen wird, alte Traditionen der Vielfalt und Mannigfaltigkeit wieder aufleben zu lassen.

„Turnen an Geräten" statt „Gerätturnen" ist der in pädagogischer Verantwortung gewachsene Weg vom einseitigen Strukturdenken zurück zur ehemals turnerischen Bewegungsvielfalt!

Es ist das Erkunden und Erproben, das Erobern und Riskieren in der ganzheitlichen Auseinandersetzung mit der gegenständlichen Umwelt, es ist die „ursprüngliche Idee, mal schauen, ob es gelingt, . . . ob es geht" (VOLKAMER 1987, 73 und 85), das Wiederentdecken turnerischer Aufgabenstellungen: an etwas entlanghangeln, sich an etwas hängen und schwingen oder schaukeln, nicht einfach um etwas herumlaufen, sondern

darüberwegklettern oder springen, nicht mit bequemer Aufstiegshilfe, sondern es ohne diese versuchen, sich mal so hinstellen oder hängen, wie man es sonst nie tut, sich riskant auf schmalem oder wackeligem Untergrund bewegen, nicht auf sicherem Boden . . .
Die vielfältigen Tätigkeiten des Kletterns und Steigens, Hängens und Hangelns, Schaukelns und Schwingens, Springens und Stützens, Balancierens und Rollens sind nichts anderes als die Kinderstube des Turnens — ,,Turnen an Geräten'' und ,,Gerätturnen'' deshalb nicht eigentlich ein Gegensatz!
,,Turnen an Geräten'' ist für den Einstieg in die Welt des Turnens in der Grundschule und im Turnverein die treffendere Bezeichnung. Sie respektiert das kindliche Bedürfnis nach Bewegungsvollzug und Bewegungserleben ebenso wie die in pädagogischer Verantwortung zu treffende Entscheidung des Lehrers für einen späteren Ausbau in Richtung des Gerätturnens; sie eröffnet auch dem Schüler die Möglichkeit, das Gerätturnen als seine Sportart zu entdecken.
Im ,,Turnen an Geräten'' hat z.B. auch der vielgeschmähte Barren ein anderes Gesicht. Denn es gibt kein Gerät, das so variabel einsetzbar ist, das schräg, unterschiedlich hoch und stufig aufgebaut werden kann, an dem man hängen und hangeln, stützen und schwingen, beugen und strecken, balancieren, klettern und rollen kann. Es läßt sich in jede Position der Halle bringen und dort als Basisgerät für vielfältigste Aufbauten durch Kombinationen mit anderen Geräten verwenden.

4. Turnen im Rahmen der Gesundheitserziehung

Gesundheit ist das Etikett, unter dem der Sport zum Schulfach wurde, und das gesundheitliche Motiv liegt noch heute im Zentrum seiner pädagogischen und öffentlichen Anerkennung. Da auch kein Lehrplan auf die Hervorhebung der gesundheitlichen Aufgabe verzichtet, mutet es schon eigenartig an, wenn von kompetenter Seite behauptet wird, daß „die Gesundheitserziehung die Praxis des Sportunterrichtes noch nicht erreicht" hat (SEYBOLD 1990, 8). „So inflationär auch das Gesundheitsargument bemüht worden ist, so sparsam ist man im schulischen Raum mit seiner Einlösung umgegangen" (FREY/HILDENBRANDT 1988, 451).
Zutreffend ist, daß Sport oft undifferenziert mit Gesundheit gleichgesetzt wird, weil die mit ihm verbundene Ausbildung körperlicher Leistungsfähigkeit und Fitneß als eigentliche gesundheitliche Wirkung angesehen wird. Dem heutigen Verständnis von Gesundheit wird eine derartige nur körperbezogene Ausbildungsstrategie jedoch nicht gerecht. Gesundheit ist definiert als körperliches, seelisches und soziales Wohlbefinden. Gesundheitserziehung hat neben der körperlichen demnach auch die affektiv-emotionale und die soziale Komponente mitzubedenken, und alle drei Bausteine werden nicht je für sich, sondern erst in ihrem Miteinander wirksam.
Die Auseinandersetzung mit der Situation und Bedeutung des Turnens hat deutlich gemacht, daß auch diese Diskussion bisher schwerpunktmäßig, wenn nicht um die strukturelle, so doch um die körperliche Dimension geführt wurde. Ein erweitertes Verständnis liegt lediglich bei wenigen Lehrvorschlägen auf der Basis praxisorientierter Didaktik vor, bei denen neben dem Motorischen auch das Affektiv-Emotionale und das Soziale mitbedacht worden sind, obwohl das Thema Gesundheit dabei nicht Pate gestanden hat (vgl. MEDLER/RÄUPKE 1983).
Wenn die Praxis des Turnunterrichts die Gesundheitserziehung erreichen soll, dann sind im Sinne der Definition ein körperlicher, ein seelischer und ein sozialer Aspekt zu unterscheiden, in deren Miteinander Gesundheit auch schon ein Thema für den Schüler ist, wenn Wohlbefinden und Wohlfühlen in seinen Erlebnishorizont geraten.

4.1 Das körperliche Erfahrungsfeld

Körperliches Wohlbefinden heißt fit sein. Damit allerdings sieht es bei Kindern und Jugendlichen nicht besonders gut aus, wie ernstzunehmende medizinische Untersuchungen beweisen (vgl. FREY/HILDENBRANDT 1988). Bewegungsmangelerscheinungen werden hinsichtlich aller körperlichen Funktionen beklagt; sie betreffen das Physische, die muskuläre Ausbildung, ebenso wie das Motorische, d.h. die koordinative Ausbildung. Gründe für diese negative Entwicklung mit deutlichen Einschränkungen der körperlichen Verfassung werden — bezogen auf den Schulsport — vor allem auch im Rückgang des Turnens gesucht. Denn wie keine andere Sportart bietet das Turnen den Bewegungsreichtum für eine vielseitige körperliche Ausbildung und damit die Chance, zivilisationsbedingte Bewegungsmängel auszugleichen, Haltungsschwächen zu verhindern oder zu kompensieren.

Turnen ist eine überwiegend koordinative Angelegenheit, bei der der Körper von den eigenen Kräften bewegt wird. In der mit den turnerischen Aufgaben verbundenen Wechselwirkung von Bewegungs- und Konditionsschulung verwirklicht sich vor allem ein kind- und jugendgemäßes Krafttraining; denn die Ausbildung der Kraft ist in jungen Jahren an die Verbesserung der inter- und intramuskulären Koordination gebunden. Im Turnen geschieht das deshalb in besonderer Weise, weil die Kraftansatzpunkte an den Händen und Armen die anatomischen Voraussetzungen für spezielle muskuläre Beanspruchungen liefern, auf die in diesem Alter besonderer Wert gelegt werden muß. Beim Klettern, Hängen, Stützen und Schwingen werden Muskelaktivitäten verschiedenster Körperteile koordiniert und Muskelspannungen aufgebaut und gehalten, deren Reizsetzung für die körperliche Entwicklung durch nichts ersetzt werden kann. Was hier versäumt wird, ist später kaum nachzuholen!

Nun macht es bei fehlendem Schülerinteresse und dem negativen Erscheinungsbild des derzeitigen Schulturnens wenig Sinn, immer nur seine Bedeutung oder gar seine Erziehungs- und Bildungsfunktion (vgl. SÖLL 1990) zu beschwören. Gefordert ist vielmehr der Blick nach vorn mit einer Überprüfung von Geräten, Inhalten und Methoden. Denn gerade im

Turnen ist das physische Wohlbefinden an eine Reihe von Bedingungen gebunden, deren Einlösung der besonderen Aufmerksamkeit bedarf.

Körperliches Wohlbefinden stellt sich nur bei denjenigen ein, die dabei und mittendrin sind; es ist beeinträchtigt, wenn dieses Mittun nicht garantiert ist. So kann es sich kaum entwickeln, wenn der Unterricht nicht so gelingt, daß übungsdichtes und intensives Bewegen entsteht, wenn lange Wartezeiten bis zum erneuten Einsatz zum Abkühlen führen; es ist gefährdet, wenn Verletzungsgefahren drohen. Beeinträchtigungen solcher Art stehen in engem Zusammenhang mit der Organisation des Unterrichts. Verbesserungen können durch geschickte Anordnung der Geräte, variable Gestaltung des Übungsbetriebes und sorgsame Bereitstellung von Absicherungen und Hilfen erreicht werden.
Die Entwicklung körperlichen Wohlbefindens muß ernsthaft in Zweifel gezogen werden,
— wenn Einseitiges und Genormtes im Vordergrund stehen, nicht Vielseitigkeit und Bewegungsreichtum,
— wenn die Anforderungen zu hoch geschraubt und die notwendigen Voraussetzungen mißachtet werden,
— wenn immer nur die Mühe abgefordert wird, nicht das freie Spiel mit der Bewegung,
— wenn dem einzelnen nur seine Grenzen aufgezeigt werden, nicht seine Möglichkeiten,
— wenn es immer nur um die Leistungssteigerung geht, nicht um die Gestaltung des Gekonnten,
— wenn der Unterricht auf die Besten zugeschnitten ist, nicht auf die Schwachen, die der meisten Übung bedürfen.
Gerade im Turnen ist diese Gefahr des Alles-oder-Nichts besonders groß. Ihre Ursachen liegen in der inhaltlichen und methodischen Gestaltung des Unterrichts. Die Beeinträchtigungen können gemindert werden,
— wenn elementare und bewegungsreiche Formen es allen Kindern ermöglichen, am Unterricht beteiligt zu sein,
— wenn Gewöhnungsphasen mit selbstgewählten und spielerischen Aufgaben Vertrauen in die Geräte schaffen,
— wenn es gelingt, Formen zu finden, die einerseits herausfordern, andererseits aber auch bewältigt werden können,
— wenn Können als Besitz erfahren werden kann und individuelle Lösungsmöglichkeiten zugelassen sind.

Offene Bewegungsaufgaben etablieren neben dem ,,Wer kann . . .?'' auch das ,,Wie kann . . .?'' (vgl. FUNKE 1989, 183), deren Möglichkeiten in der Beantwortung der Herausforderung mit den eigenen Mitteln liegen. Mit der Erfahrung individueller Bewegungsmöglichkeiten und selbstregistrierter Leistungsfortschritte wächst die Überzeugung, daß man etwas kann, wenn man sich anstrengt, und daß intensive Bewegung Freude bereitet. Die Ausschöpfung variabler Möglichkeiten relativ offener Bewegungsaufgaben leistet oft mehr für das körperliche Wohlbefinden als die genormte Pflicht.

4.2 Das affektiv-emotionale Erfahrungsfeld

Mit dem seelischen Wohlbefinden ist die entscheidende Komponente des gesundheitsorientierten Sportunterrichts angesprochen: die Motivation. Diese gedeiht am besten in einer sympathischen Unterrichtsatmosphäre, in deren Mittelpunkt das **Wohlfühlen,** die Freude an der Bewegung und das Vertrauen in die eigene Leistungsfähigkeit stehen.
Der Turnunterricht wird jedoch nicht selten vom genauen Gegenteil überschattet. Ein Wohlfühlen ist nicht gegeben, wenn die Geräte als fremd, schwer, eckig und kantig erlebt werden und so manche schmerzhafte Erfahrung die Angst vor einer Übung, vor einem Gerät und vor dem Turnen überhaupt hat wachsen lassen. Freude kann nicht aufkommen, wenn es immer nur um Schwierigkeiten und Abmühen geht, wenn motorisches Versagen gehäuft auftritt und wenn man, „schon im voraus das Dilettantische des Bemühens wähnend" (FUNKE 1989, 181), sich lieber verstecken würde.
Vertrauen in die eigene Leistungsfähigkeit schließlich wird nicht aufgebaut, wenn Anstrengung und Einsatz nicht zum Erfolg führen, wenn keine

Gelegenheit gegeben wird, das individuelle Risikoverhalten herauszufordern, und keine Zeit bleibt, das eigene Bewegungsvermögen zu gestalten und dabei Können als Besitz zu erfahren.

Die Schaffung einer positiven Atmosphäre, in der die Kinder sich ,,zu Hause fühlen'', betrifft die Auswahl der Inhalte genauso wie die methodische Gestaltung, den Umgang mit den Geräten ebenso wie den Einsatz von Helfern, Hilfen und Absicherungen; sie steht in direktem Zusammenhang mit der Art und Weise, wie mit den Problemen des einzelnen umgegangen wird. Inhaltliche Entscheidungen sollten nicht so sehr an strukturellen Erwägungen als vielmehr daran ausgerichtet sein, wie den momentanen Bedürfnissen der Kinder nach Bewegungsvollzug und Bewegungserleben Rechnung getragen werden kann. Von den ersten Erlebnissen hängt es oft ab, ob sie an einer Sache Gefallen finden, d.h. sich eine positive Einstellung dem Turnen gegenüber entwickelt.

Im Umgang mit den Geräten gilt es, das Umgängliche gegen das Beschwerliche einzutauschen. Dafür ist es notwendig, die Geräte selbst zu Inhalten des Turnunterrichts zu machen. Mit ihnen zu bauen und zu gestalten, schafft Vertrauen und die erforderliche Vertrautheit.

In der methodischen Gestaltung geht die Forderung noch einmal dahin, das die Leistung des einzelnen herausfordernde ,,Wer kann . . .?'' neben das die Eigeninitiative und Kreativität fördernde ,,Wie kann . . .?'' zu stellen. Denn mit der Einkleidung von Aufgaben in letztere Fragestellung gelingt es besonders gut, das individuelle Risikoverhalten, das ,,Mal probieren, ob es geht'', so herauszufordern, daß Angst vermieden wird, ohne auf Risikoerlebnisse zu verzichten.

Ohne Zweifel ist das Riskante ein zentrales Motiv des Turnens. Auf dieses zu verzichten, hieße, den besonderen affektiven Gehalt des Turnens einzuschränken und die Chancen seelischen Wohlbefindens für eine gesunde Entwicklung unausgeschöpft zu lassen. Sich auf herausfordernde Bewegungsspielräume einzulassen, Bewegungen erfinden und im Gefühl der Bewegungslust ausreizen, sich risikoreichen und spannenden Bewegungsaufgaben stellen und im Gefühl, ein kleiner Künstler zu sein, den Körper auf die Probe zu stellen, die Abenteuerlust auszuleben: darin liegt das Attraktive des Turnens, das Kinder in seinen Bann zieht und ihre schöpferischen Kräfte in Bewegung setzt.

Wenn dabei Angst aufkommt, dann muß sie angesprochen und von allen Beteiligten ernstgenommen werden. Individuelle Leistungsgrenzen dürfen nicht Anlaß für Wegsehen und Diskriminierungen sein, sondern sie müssen den Anstoß geben für die Gestaltung von Anforderungen, innerhalb derer jeder eine Aufgabe findet, die er schafft. Die Bewältigung

schwieriger Aufgaben bedarf immer der Gewöhnungsphasen und des Aufbauens auf Bekanntem und Vertrautem. Durch den Einsatz von bewegungsbegleitenden Helfern und die Absicherung durch Weichböden und Mattenlagen sowie durch geschickten Aufbau der Geräte gelingt es, manches Risiko kalkulierbar und damit akzeptierbar zu machen.
Das Gefühl, zwar Angst zu haben, aber mit ihr fertig zu werden, sie ansprechen zu können und in Hilfen und Sicherungen entsprechende Unterstützung zu erhalten, läßt Zuversicht und Vertrauen in die eigene Leistungsfähigkeit wachsen.

4.3 Das soziale Erfahrungsfeld

Soziales Wohlbefinden basiert auf der Gewißheit, nicht abseits zu stehen, sich im Sport nicht verstecken zu müssen und als Person mit allen Stärken und auch Schwächen im Unterricht aufgehoben zu sein.
Das Turnen bringt eine Vielzahl sozialer Handlungsfelder, die kooperatives Verhalten verlangen; aber es enthält auch eine Reihe von Gefahren, Schwächen besonders deutlich zu machen und den Schwachen zu diskriminieren.
So wird das soziale Wohlbefinden gestärkt, wenn Schüler sich für ihre Mitschüler einsetzen und ihnen bereitwillig Tips und Hilfe geben, wenn ihnen vertrauenschaffende Zuwendung zuteil wird und Anstrengungen Anerkennung finden und wenn Schüler sich auch über die erbrachte Leistung anderer freuen. Soziales Wohlbefinden wird jedoch beeinträchtigt, wenn der Unterricht zu sehr an der Steigerung des Fertigkeitsniveaus und der Maximierung der Bewegungsschwierigkeit ausgerichtet ist, wenn die Schere zwischen Können und Versagen immer weiter geöffnet wird und sich dadurch Rangordnungen verfestigen, die den Schwachen nur immer wieder ihre Positionen auf hinteren Plätzen bestätigen.

Soziales Wohlbefinden kann nicht aufkommen, wenn motorisches Versagen zur Außenseiterrolle führt, wenn erfolgloses Bemühen belächelt wird, sei es nun unbedacht oder schadenfroh. Die Entwicklung wird gestört, wenn von Vergleichen und Wettbewerben unbekümmert Gebrauch gemacht wird. Im Unterricht mit Klassen muß man sorgsam umgehen mit Situationen, in denen Kinder mit unterschiedlicher Begabung und Leistungsfähigkeit gegeneinander antreten sollen. Vergleiche sind dann angemessen, wenn sie positiv gestaltet sind, z.B. ,,Wer landet leise?'' oder ,,Wer kann nach dem Abrollen noch über die Reckstange sehen?'', wenn die Aufmerksamkeit nicht auf die gelenkt wird, die es noch nicht können (vgl. SEYBOLD 1990, 9). Aufgabenstellungen wie ,,Wer schafft eine ganze Runde über alle Kästen?'' sind schon deshalb besser geeignet als Aufgabenstellungen wie ,,Wer ist zuerst fertig?'' oder ,,Wer schafft die Grätsche über den höchsten Bock?''. Bei letzterem geht es um die Qualität oder den Trainingseffekt einer schon gekonnten Bewegung, nicht um die Quantität oder ihre Realisierung überhaupt, mit denen individuell abgestufte Lösungen möglich wären.
Im Hinblick auf soziales Wohlbefinden und auf den Kinderwunsch nach Wetteifern sind Gruppen- und Mannschaftsvergleiche oft auch die bessere Lösung als die Auseinandersetzung einzelner gegeneinander. In der Gruppe ist auch der Schwache aufgehoben, und die Anerkennung seiner Anstrengung und erbrachten Leistung kann hier eher wachsen.

Wir fassen zusammen: Verstehen wir ,,Bewegung als Entwicklungsmedium'' (KRETSCHMER 1981, 41), so kommt dem Turnen an Geräten hohe Bedeutung als mehrperspektivisch-ganzheitlichem Unterrichtsinhalt zu. Nicht nur, aber besonders auch der Aspekt Gesundheit macht es zum unabdingbaren Bestandteil des Grundschulsports im Sinne ,,eines Fundamentums, eines Kernbereichs'' (GRUPE in: CZWALINA 1988, 30), einer Basis für grundlegende Entwicklungsprozesse.
Wir haben uns dabei um das ,,Was'' und ,,Wie'' zu kümmern, wenn das Turnen an Geräten als zielgerichtete und planvolle Vorbereitung wieder ein beliebter Bereich in der ,,ungenutzten Unterstufe'' (SEYBOLD 1981, 28) werden soll.
Das materiale Erfahrungsfeld des Turnens an Geräten wird in Verbindung mit körperlichen, seelischen und sozialen Erfahrungen erschlossen, die je für sich besonderer pädagogischer Verantwortung bedürfen.

5. Inhaltliche Gestaltung des Kinderturnens

Für eine unterrichtliche Verwirklichung der bisherigen Ausführungen gilt es, die geeigneten Inhalte zu finden. Bei der großen Anzahl turnerischer Grundbewegungen (vgl. z.B. DIECKERTs 71teilige Auflistung in: CZWALINA 1988, 254) stellt sich eine solche Auswahl vor allem als ein Problem der Beschränkung. Um einerseits der Vielfalt gerecht zu werden, andererseits eine handhabbare Bündelung vorzulegen, scheint uns aus unterrichtlicher Erfahrung heraus — d.h. ohne Anspruch auf Systematisierung — das Spektrum des Kinderturnens durch die Grundtätigkeiten

Klettern
Balancieren
Stützen
Schwingen
Rollen

umfassend wiedergegeben.

Kritische Stimmen, „alle Tätigkeiten, Übungen und Geräte, die mit Steigen, Klettern, Balancieren, Schaukeln und ähnlichem zu tun haben, . . . nicht dem Gerätturnen zuzurechnen" (SÖLL 1990, 108), bestärken uns in der vorgenommenen Öffnung des Bereiches unter der Überschrift „Turnen an Geräten". Im Mittelpunkt steht genau diese allgemeine, unspezifische Auseinandersetzung mit den Geräten. Aber auch sie wird zur „Auseinandersetzung mit der Bewegung an sich" (SÖLL 1990, 109). Die Turngeräte fordern die Kinder heraus, die versuchen, sie in Besitz zu nehmen. Dabei lernen sie vorwiegend durch Probieren und Nachahmen. Die Turngeräte fordern die Kinder heraus, sie in Besitz zu nehmen.

Alle methodischen Maßnahmen sollen zum Entdecken und Erfahren Anlaß geben und der Eigengestaltung sowie der Phantasie Raum lassen. Schon geringe Änderungen im Geräteangebot geben neue Bewegungsanreize. Die Kinder werden immer wieder ermutigt, Bewegungsmöglichkeiten zu (er)finden und Geräte anders, neu zu (be)nutzen. Sobald eine gewisse Bewegungssicherheit erworben ist, können Geräte kombiniert werden. Kombinationen ermöglichen längere Bewegungsfolgen und kompliziertere Bewegungsabläufe; sie wecken die Spielfreude und regen die Phantasie an. Die Kinder können an ihnen ihre Kraft erproben, Abenteuerlust erleben, wetteifern, Spaß am Kunststück auskosten . . .

Mit zunehmendem Alter bereichern einfache formgebundene Bewegungen (Kunststücke, Turnübungen) und erste turnerische Übungsverbindungen das Angebot. Zentrales methodisches Mittel ist das reale Bewegungsvorbild, daneben spielt die Bewegungshilfe (Geräte-, Gelände-, taktile und psychische Hilfe) eine große Rolle.

6. Praxis des Kinderturnens

6.1 Organisation und Umgang mit den Geräten

Ein interessantes Angebot — ob in offener Gestaltung, um die Kreativität der Kinder herauszufordern, oder in festgelegten Programmen zur Erweiterung des Repertoires — verlangt im Turnen nahezu immer einen relativ großen Geräteaufbau.
Fast alle Turngeräte sind so schwer, daß sie die Kraft einzelner Kinder überfordern, und sie verlangen einen speziellen technischen Umgang. Die Handhabung der Geräte muß deshalb zuallererst erlernt werden, bevor sie in die Verantwortung der Kinder übergeben werden. Wo immer möglich sind die Geräte deshalb zunächst selbst Unterrichtsgegenstand. Gemeinsame große Aufbauten gelingen nur mit einer bewußt gemachten Beteiligung der Kinder. Zur Veranschaulichung haben sich optische Hilfen bewährt:

a) Ein **Plakat,** auf dem die Geräte aufgezeichnet sind. Auf den Hallenboden gelegt, ermöglicht es den Kindern eine einfache optische Umsetzung.
b) Eine **Tafelskizze,** bei deren Erstellung der Aufbau von den Kindern unmittelbar nachvollzogen werden kann.

c) Eine **Haft-** oder **Magnettafel,** auf der der Aufbau mit Gerätesymbolen demonstriert wird.

Die letzte Möglichkeit verbindet die Vorteile von a) und b) miteinander. Der Aufbau entsteht in räumlich-anschaulicher Zuordnung direkt vor den Augen der Kinder. Sie kann für jeden Auf- und Umbau spontan verwendet werden und die Gerätesymbole sind als ,,Bauklötze'' besonders kindgemäß.

Zur Erstellung der Gerätesymbole haben wir auf den folgenden Seiten maßstabsgerechte Aufsichten der Geräte zusammengestellt. Diese werden ausgeschnitten, auf feste Pappe gezogen, ggf. angemalt und auf der Rückseite mit Klettband oder kleinen Magneten beklebt. Die so gefertigten Geräte haften ausgezeichnet auf Textil-Pinnwänden oder Magnettafeln (auch einfache Metallflächen).

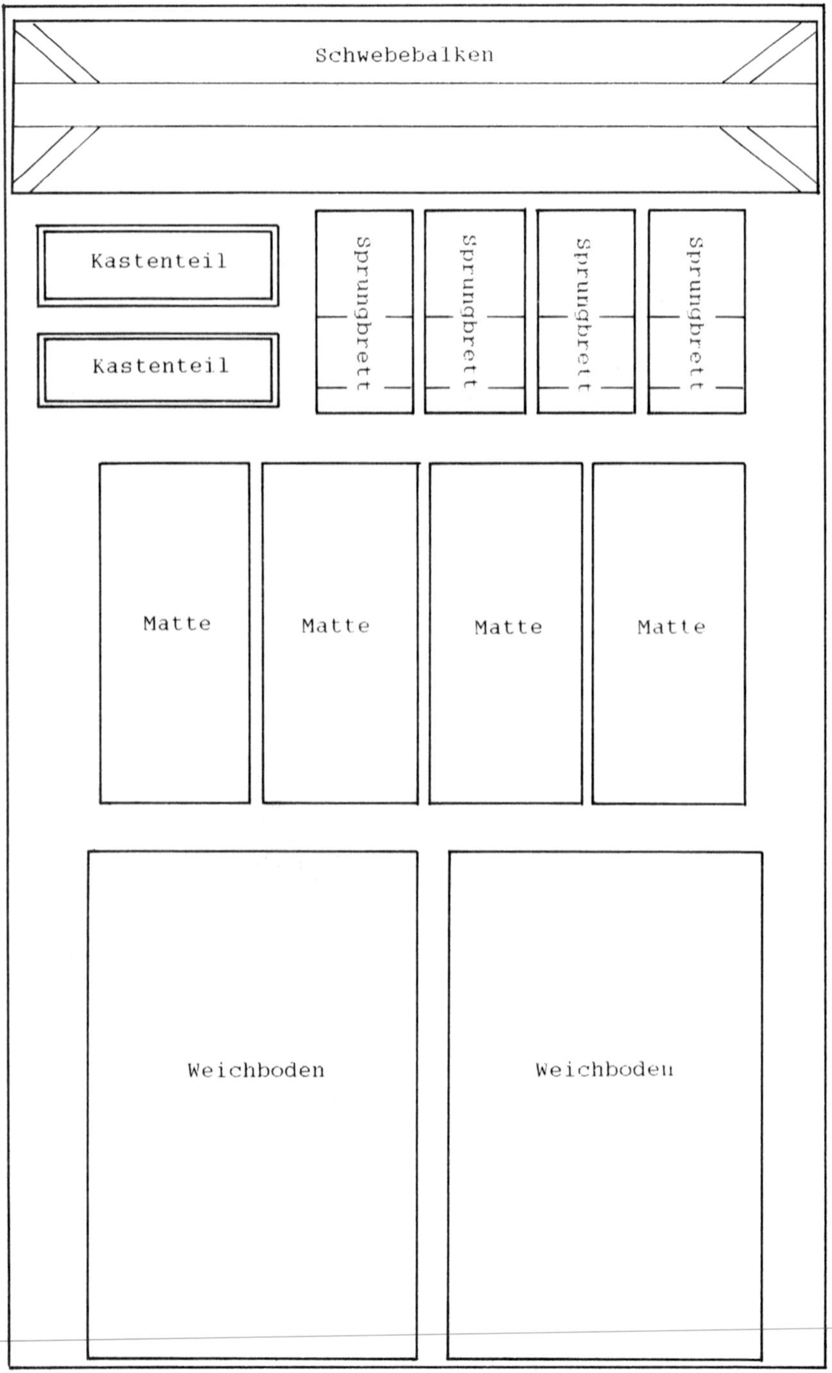
Schwebebalken
Kastenteil
Kastenteil
Sprungbrett
Sprungbrett
Sprungbrett
Sprungbrett
Matte
Matte
Matte
Matte
Weichboden
Weichboden

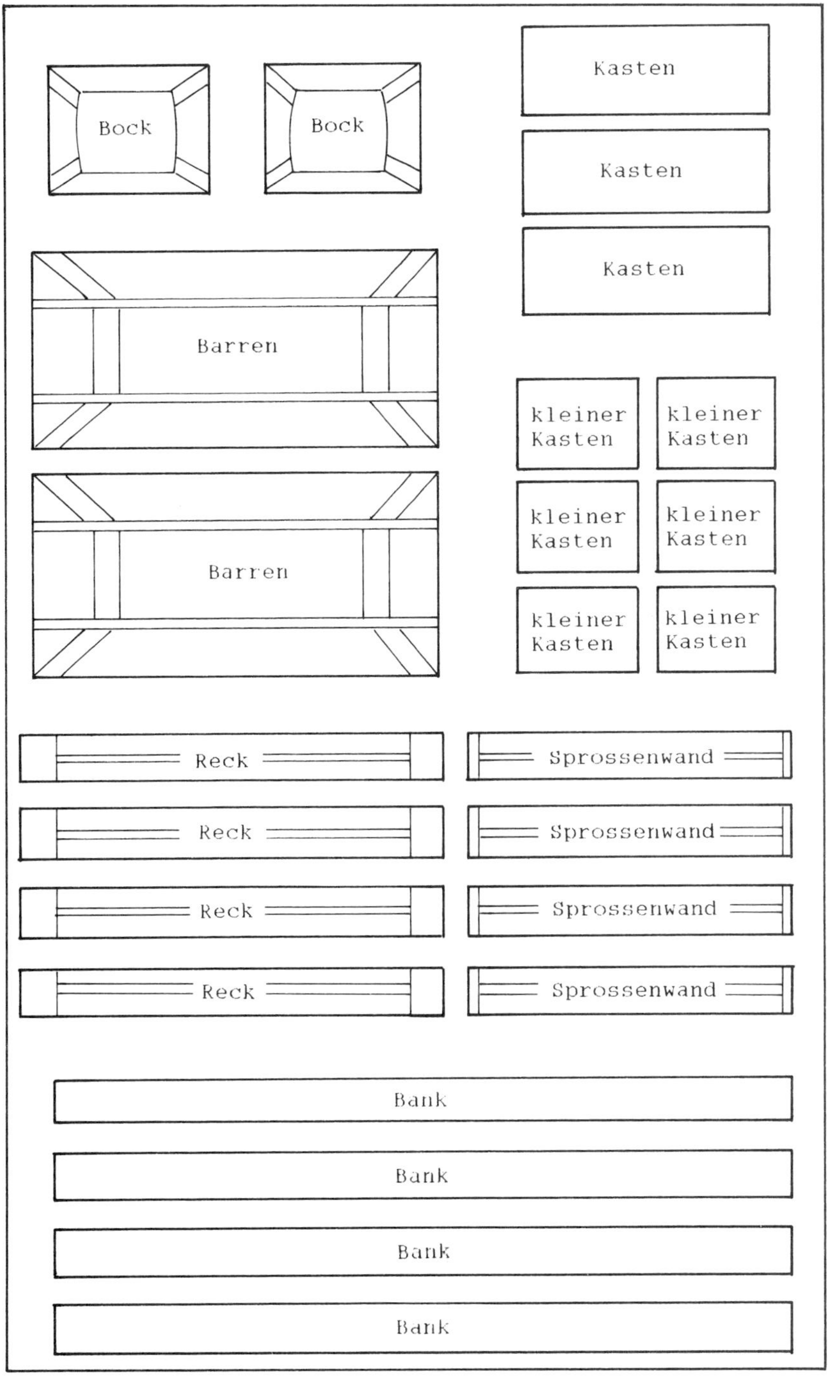
Bock
Bock
Kasten
Kasten
Kasten
Barren
Barren
kleiner Kasten
kleiner Kasten
kleiner Kasten
kleiner Kasten
kleiner Kasten
kleiner Kasten
Reck
Reck
Reck
Reck
Sprossenwand
Sprossenwand
Sprossenwand
Sprossenwand
Bank
Bank
Bank
Bank

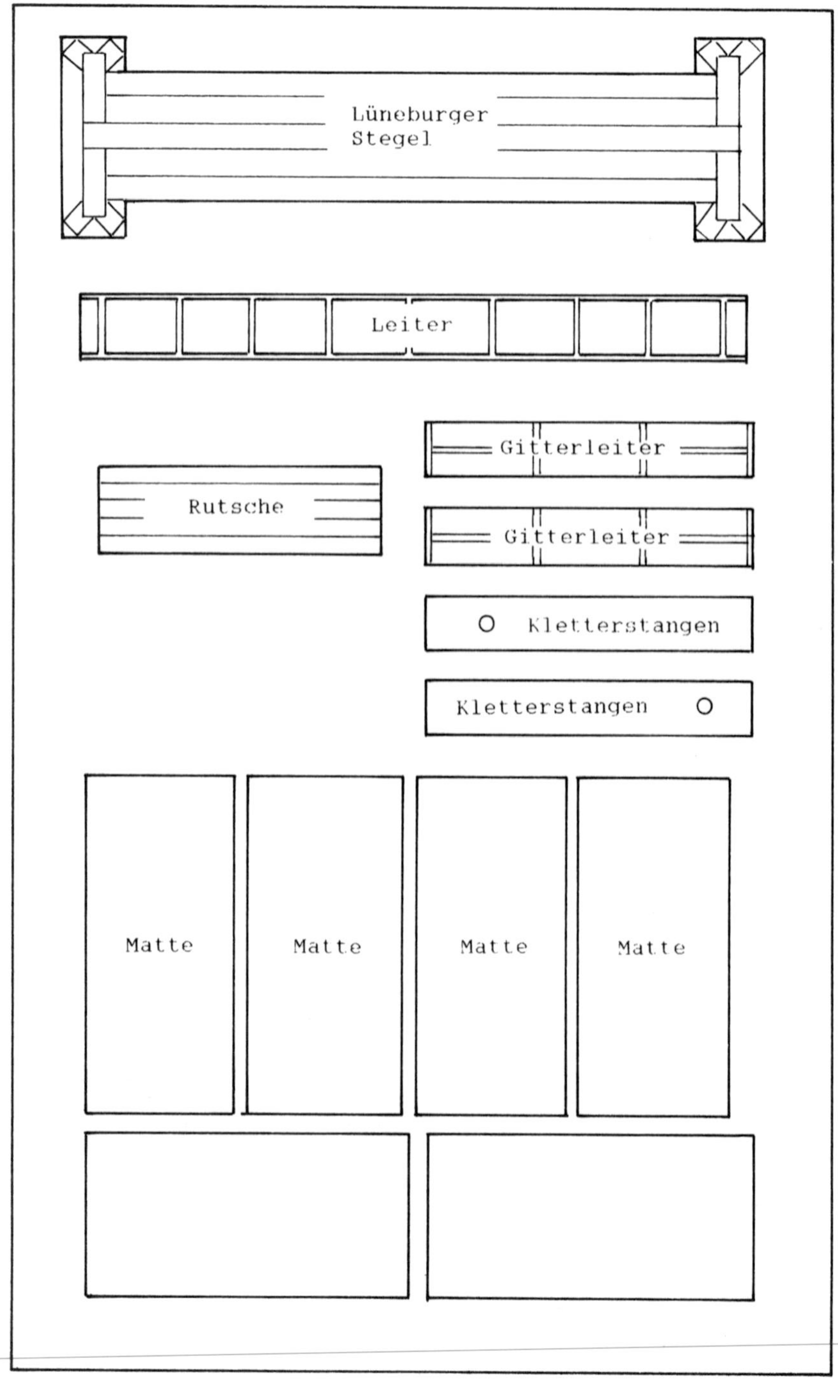

Lüneburger Stegel
Leiter
Gitterleiter
Rutsche
Gitterleiter
Kletterstangen
Kletterstangen
Matte
Matte
Matte
Matte

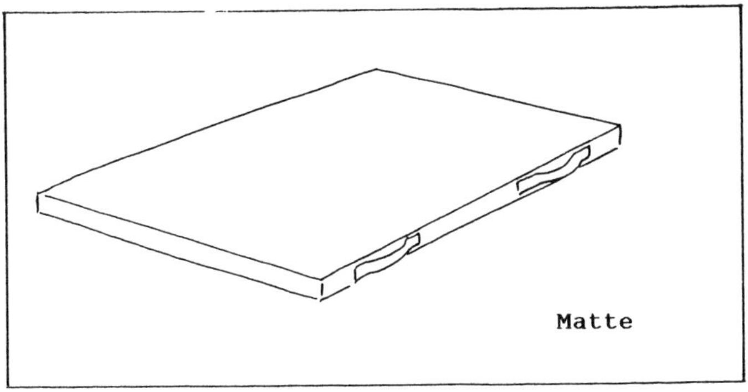

abladen
über die Schmalseite

Vier Kinder tragen
eine Matte.

aufladen wieder über
die Schmalseite

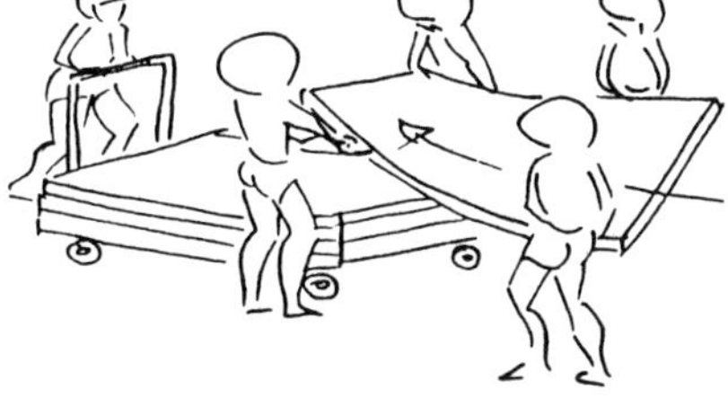

Auch so läßt sich die
Matte transportieren
(Tausendfüßler).

Spiele zum Umgang mit den Matten

auf den Linien entlangfahren
(Verkehrsregeln beachten!)

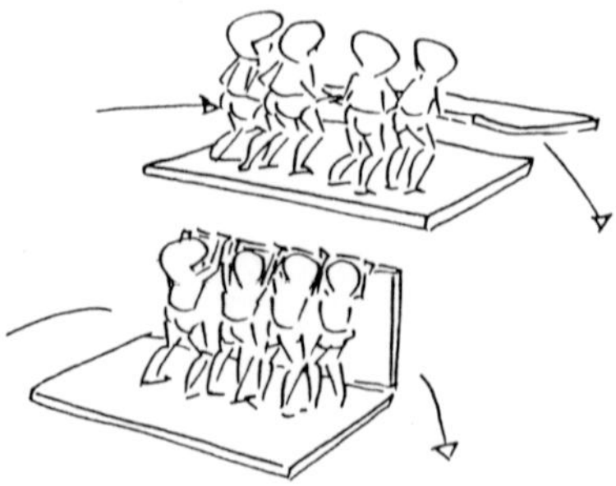

Mattenwandern

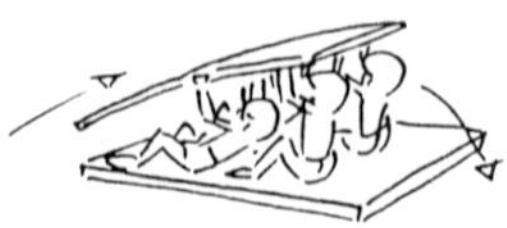

Mattentick
(die aufrecht gehaltene
Matte ist Freimal)

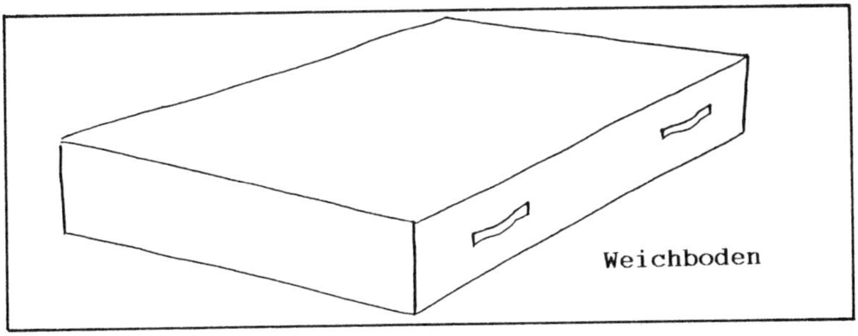

Alle zusammen transportieren den Weichboden.

überschlagen

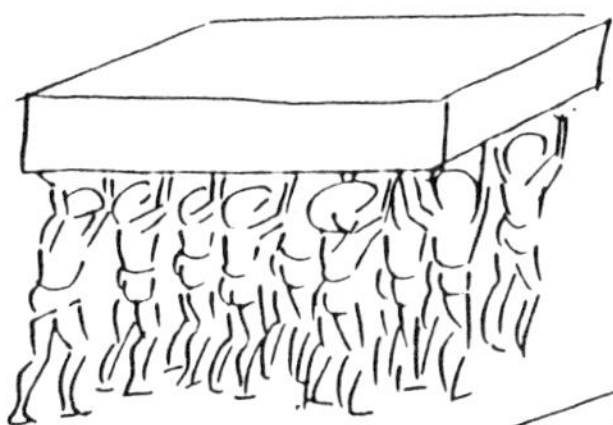

Tausendfüßler

radeln

schieben

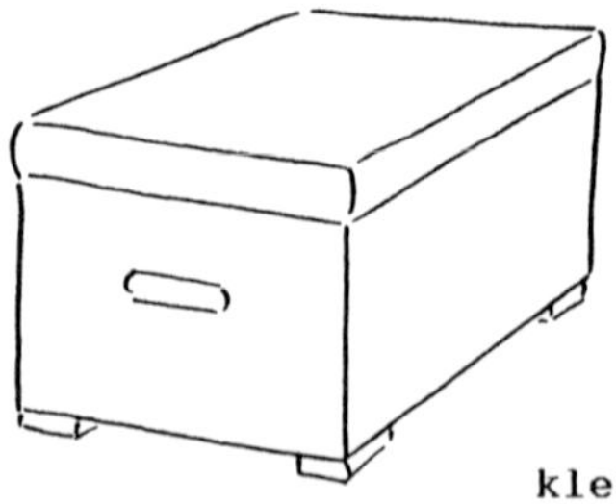

kleiner Kasten

Zwei Kinder tragen den kleinen Kasten.
Sie fassen an den Lederrand.

Wir bauen mit den Kästen.

Turm

Burg

Sprunggarten

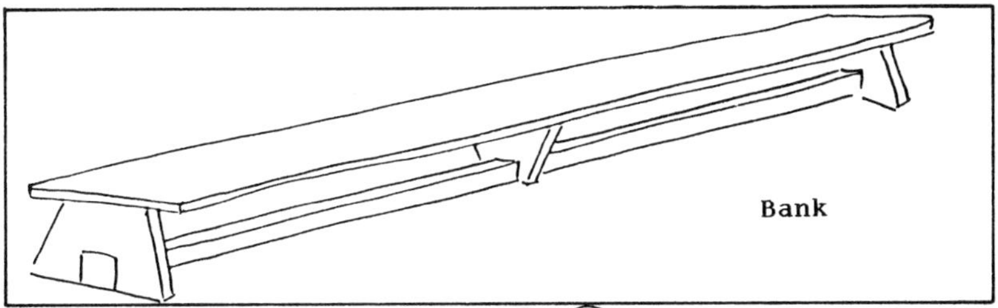

tragen -
zunächst sechs,
später vier Kinder

einhängen -
alle an einem Ende

umlegen -
alle auf einer Seite
(leise rollen)

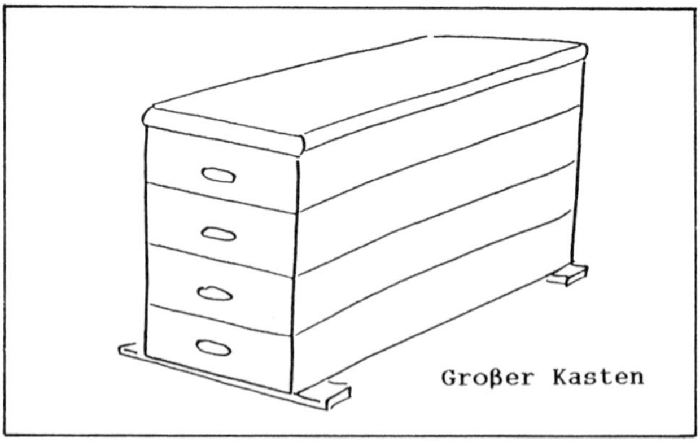

Die Lehrkraft hilft
zunächst beim Transport.

Später schieben
die Kinder allein.

Beim Zerlegen
nehmen vier Kinder
den Kastendeckel

und je zwei
ein Kastenteil.

Spiele zum Umgang mit dem Kasten

Wandelgang

Tunnel

Bootsfahrt

Eisenbahn

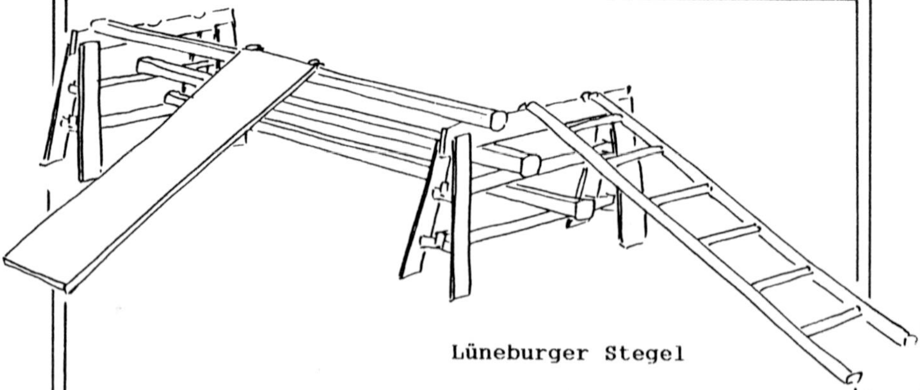

Lüneburger Stegel

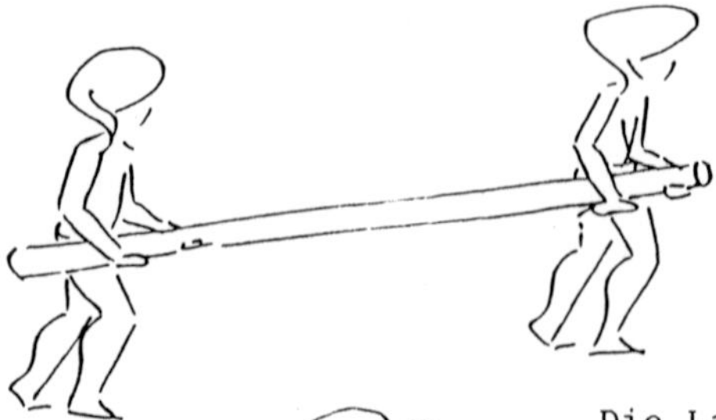

Zwei Kinder tragen
einen Balken.

Die Lage der Balken
markiert die Stellplätze
der Böcke.

Vier Kinder tragen
einen Bock.

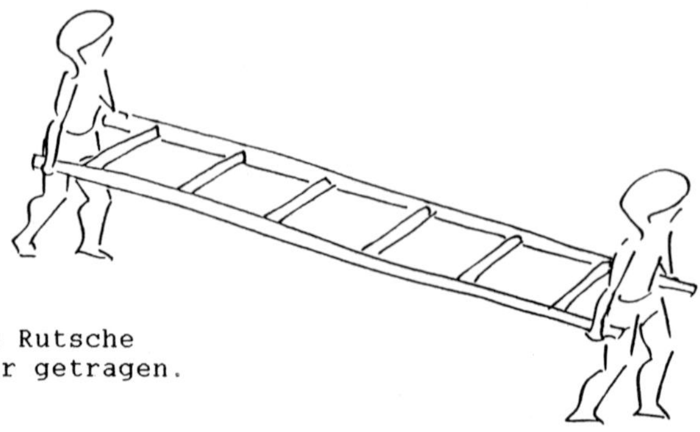

So werden Rutsche
und Leiter getragen.

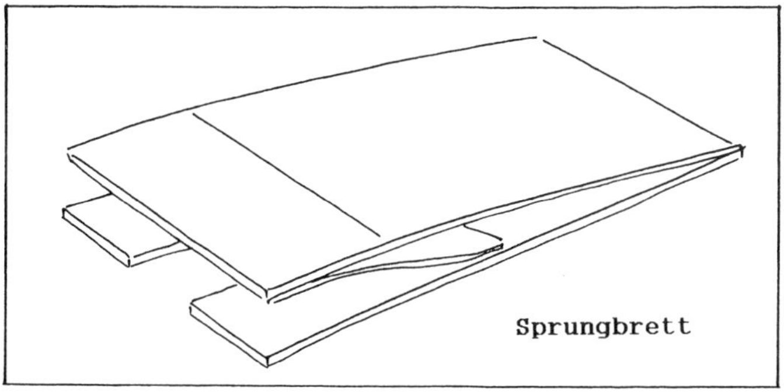

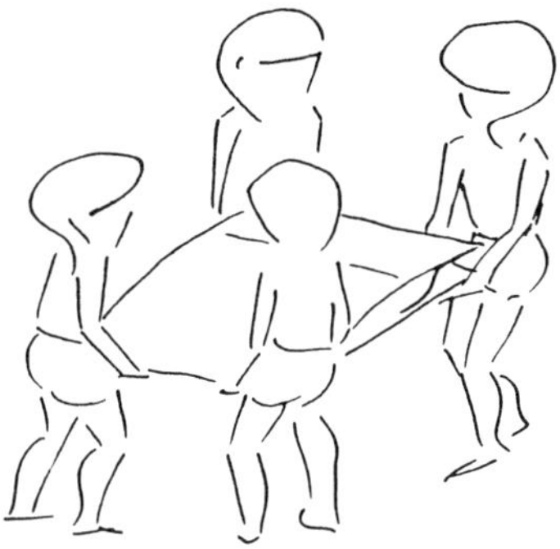

Die Kinder tragen
das Sprungbrett:

zunächst zu viert

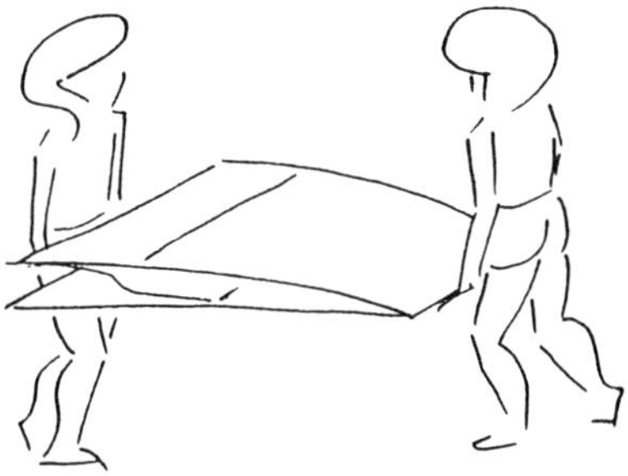

später zu zweit
so ...

... oder als
"Aktentasche"

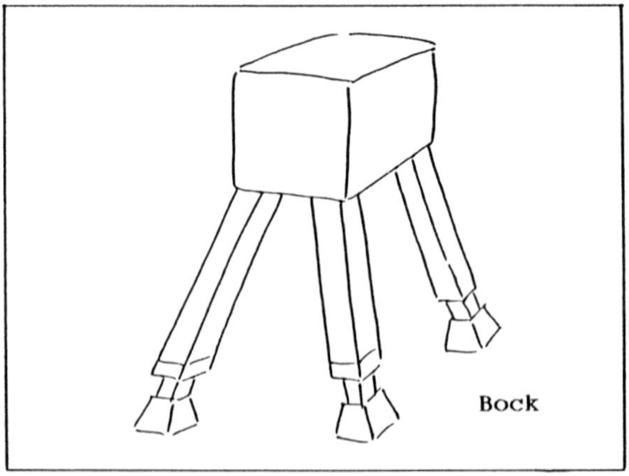

Zwei Kinder schieben.

Zwei Kinder halten
den Bock schräg

beim Einstellen der Höhe

und beim Sichern der
Standfestigkeit.

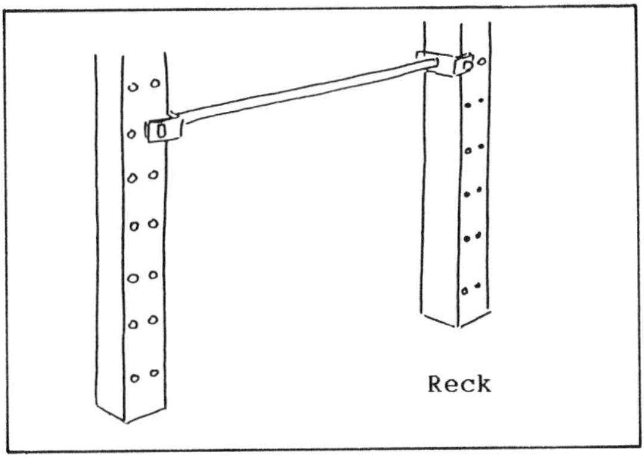

Zwei Kinder tragen
die Reckstange.

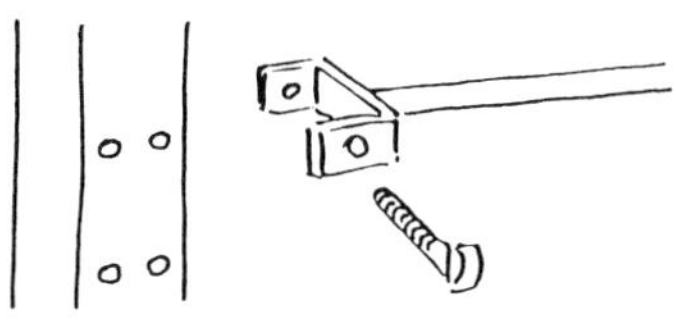

Sie heben die
Reckstange ein -
ein drittes sichert
mit Bolzen.

Zum Schluß:
Reckpfosten **sichern!**

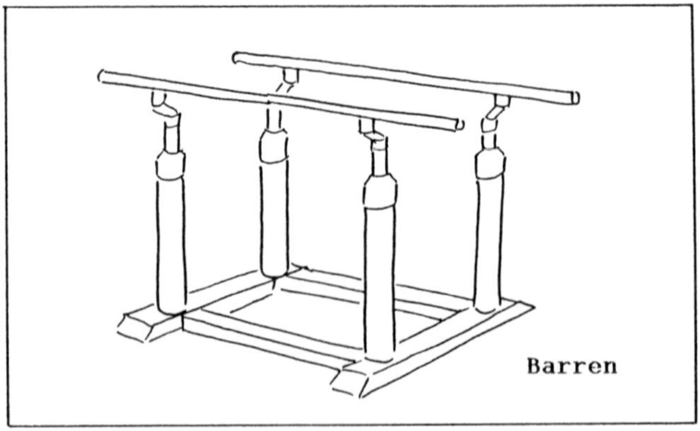

auf Rollen stellen

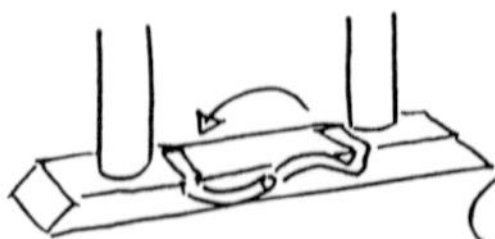

Die Kinder helfen beim Schieben.

Füße weg beim Absenken!

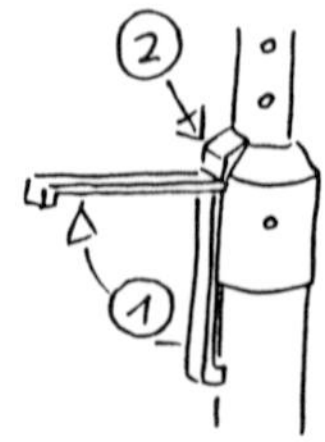

Höhe (1 lösen, 2 feststellen)

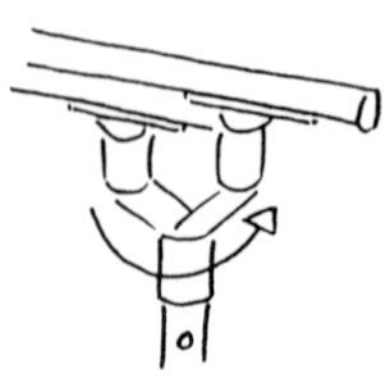

und Breite
stellt die Lehrkraft ein.

Taue

herausziehen
bis zum Einrasten

keine Knoten!

Ringe

Die Höhe anpassen,

die Lehrkraft sichert.

Gitterleiter

Gemeinsam herausziehen,

einrasten und **sichern!**

Bei großen Aufbauten ist es über alle dargestellten Hilfsmaßnahmen hinaus günstig, wenn man sie während des Unterrichts wachsen läßt. So werden z.B. zunächst die Basisgeräte (im dargestellten Beispiel die Barren) aufgebaut und an ihnen die ersten Aufgaben erfüllt (1).

Dann werden weitere Geräte ergänzt (Bänke) und dadurch auch ganz neue Bewegungsaufgaben möglich (2).

Auch dieser Aufbau kann dann noch einmal eine Ergänzung erfahren, so daß bei geschickter Organisation wieder andere Bewegungsaufgaben oder aber methodische Steigerungen herausgefordert werden können (3).

Zur Vermeidung von Wartezeiten ist es immer wieder günstig, den Hauptaufbau durch Nebenaufbauten, an denen Zusatzaufgaben erfüllt werden, zu ergänzen. Die Bereitschaft zu derartigen Zusatzaufgaben, die die Übungsdichte und Intensität des Unterrichts positiv beeinflussen, ist bei Kindern im Grundschulalter noch kein Problem.

6.2 Vorschläge und Anregungen für die praktische Gestaltung

Im Mittelpunkt dieses praktischen Teils stehen die Grundtätigkeiten Klettern, Balancieren, Stützen, Schwingen und Rollen, die je für sich in einem Kapitel zusammengefaßt sind. Für alle fünf Bereiche werden konkrete Vorschläge für einen interessanten und variablen Unterricht gemacht. Hinzugefügt sind jedem Teil Darstellungen von Gerätekombinationen, die sowohl zu offenen als auch zu gebundenen Aufgabenstellungen herausfordern.
Die in der Darstellung des Übungsgutes nicht explizit ausgewiesenen methodischen Möglichkeiten für die Erarbeitung spezieller turnerischer Fertigkeiten sind am Schluß der Bereiche Stützen und Rollen noch einmal in besonderen Zusammenstellungen („Sonnen") hervorgehoben.

6.2.1 Klettern

Über das Klettern schaffen wir den natürlichen Einstieg in die Welt des Turnens. Es umfaßt vielfältige Bewegungsmöglichkeiten und vor allem auch „Tätigkeiten, die Kinder in entsprechenden Situationen auch dann praktizieren würden, wenn sie nicht durch Erwachsene eine Anleitung dazu bekommen" (SEYBOLD 1981, 87).
Kletteraufgaben ergeben sich in großer Vielfalt durch unterschiedliche Zusammenstellungen von Großgeräten. Die so entstandenen Gerätekombinationen und Klettergärten werden im allgemeinen unter gleichzeitigem Einsatz von Armen und Beinen überwunden. Mit eigener Kraft, seine Körperlast ziehend oder schiebend, von einer großen oder kleinen, sicheren oder unsicheren Unterstützungsfläche aus versucht der Kletterer, die Herausforderung der vor ihm liegenden Aufgabe zu bewältigen. Dabei ist „die Bedrohung des Nichthaltenkönnens und Abstürzens nicht völlig ausgeschlossen" (TREBELS 1983, 38).
Bewegt sich der Kletterer nur mit Hilfe der Arme, so wird aus dem Klettern ein Hangeln mit gelegentlichem Klimmen. Ist die Unterstützungsfläche nur schmal, wird es eine „Sonderform des Balancierens . . . als Balancieren auf Händen und Füßen" (TREBELS 1983, 25).

an der Bank

drüberweg
und unterdurch

durchkriechen

drüberwegziehen

mit Ball

an unterschiedlichen
Schrägen

durch die Leiter

durch die
Sprossenfenster

am Stegel

drüberweg
und unterdurch

über die Stufen
ohne Hilfe der
Hände

mit Abstützen

über die Treppe
ohne Hilfe der
Hände

durch das
obere Fenster

hoch - tief - hoch
im Wechsel

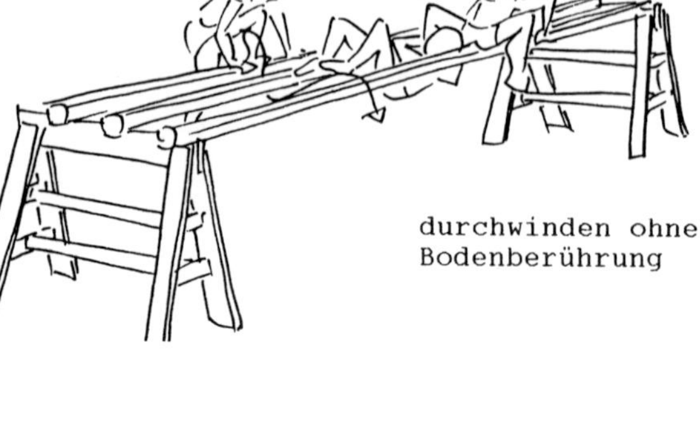

durchwinden ohne
Bodenberührung

durch die
Sprossenfenster

überklettern mit
Stützhilfe

durch die
Sprossenfenster
hinauf - hinab

abtauchen durch
die Sprossenfenster

klettern und rutschen

an der Sprossenwand

von unten nach oben

zick-zack

aneinander vorbei

hochklettern und hangeln

hochklettern und springen

herausgeklappte Sprossenwand

durch das obere
Fenster

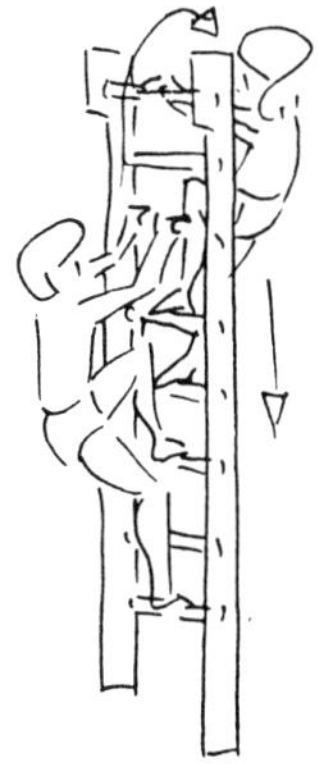

drüberweg

die Leiter hinauf

die Leiter hinauf
und drüberweg

auf dem Seil über
die Schlucht

hinauf und über
die Schlucht hangeln

an der Gitterleiter

hinauf

durch die
Fenster winden

seitwärts

von unten nach
oben und
umgekehrt

**an der vorbereiteten
Gitterleiter**

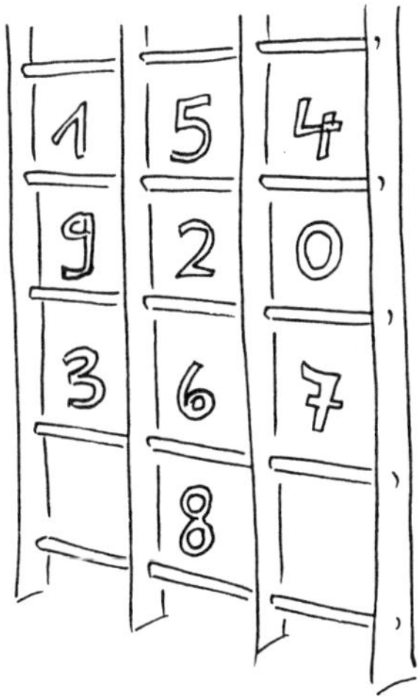

Rechen-
aufgaben
klettern

Wörter
zusammen-
klettern

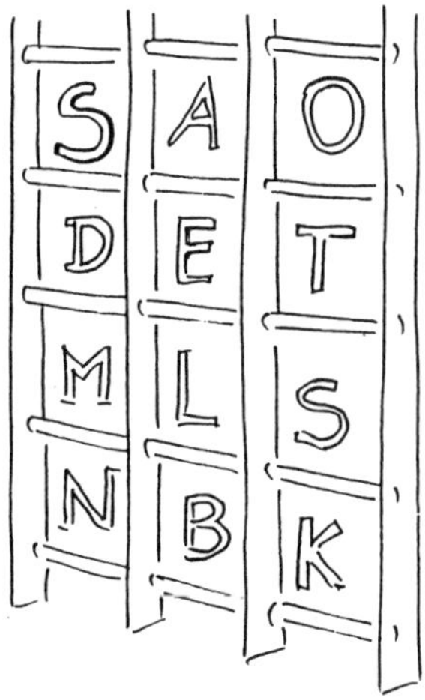

Muster klettern

Zahlen und Buchstaben klettern

an den Kletterstangen

hinauf

an zwei Stangen hinauf

so ...

... oder so

"affenklettern"

von Stange zu Stange

emporhangeln an
zwei Stangen

an den Tauen

klimmziehen aus
dem Liegehang,
Schneidersitz
oder Sitz

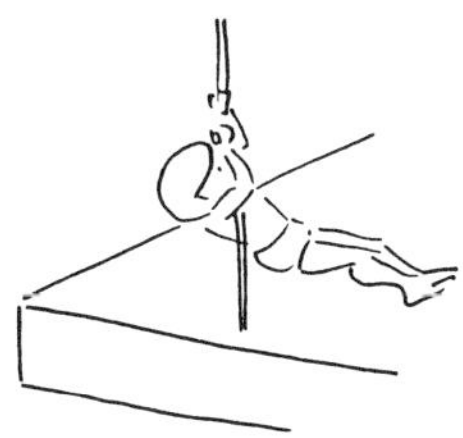

"summenziehen" in
der Gruppe,
z.B. 30mal

hochziehen auf den
kleinen Kasten

hochziehen auf den
großen Kasten

das Tau hinauf

hochspringen
und klimmen

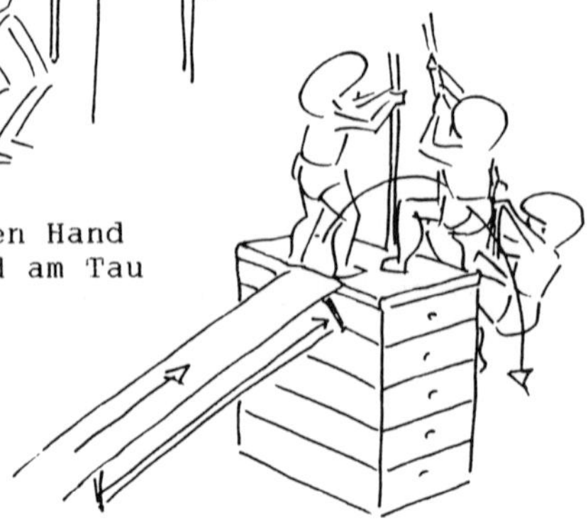

vom Kasten Hand
über Hand am Tau
hinunter

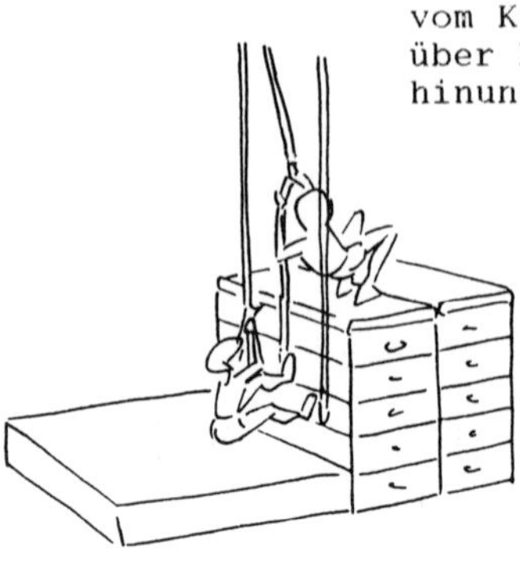

auf den Kasten-
berg hinauf

Klettergarten

klettern -
balancieren -
rutschen

klettern -
balancieren -
klettern

hinauf und
hinunter

bergsteigen

am Reck

am Doppelreck entlang

hinauf - hinab

durchwinden
hinauf - hinab

über das Doppelreck

Klettergarten

hangeln

auf den Kasten hinauf

hin und her an
unterschiedlichen Höhen

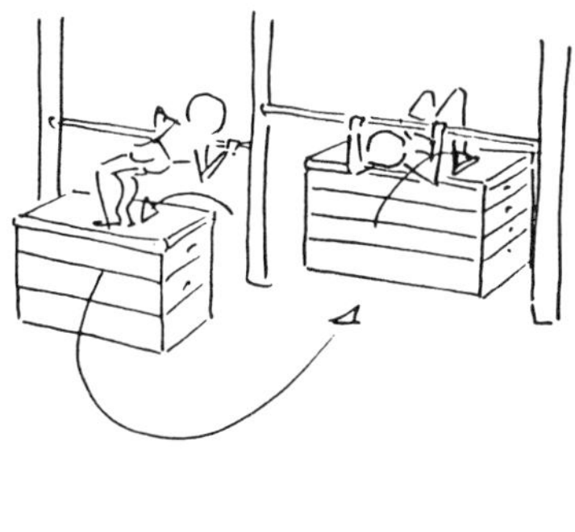

am Barren

drüberweg

drüberweg und
unterdurch

drüberweg von
Holm zu Holm

aufschwingen in den
Stand auf dem
Barren und dann
drüberweg

aufwinden
in der Barrengasse

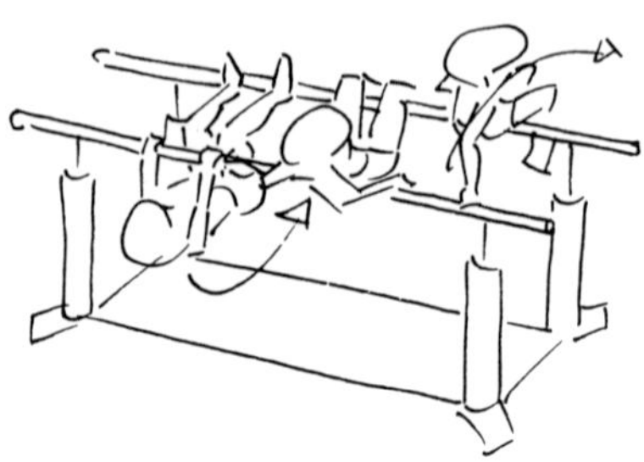

über den Stufenbarren

hangeln

an beiden Holmen

an einem Holm

am Stegel

von Sprosse
zu Sprosse

am Leiterholm

Geräte-
kombinationen
- Klettern -

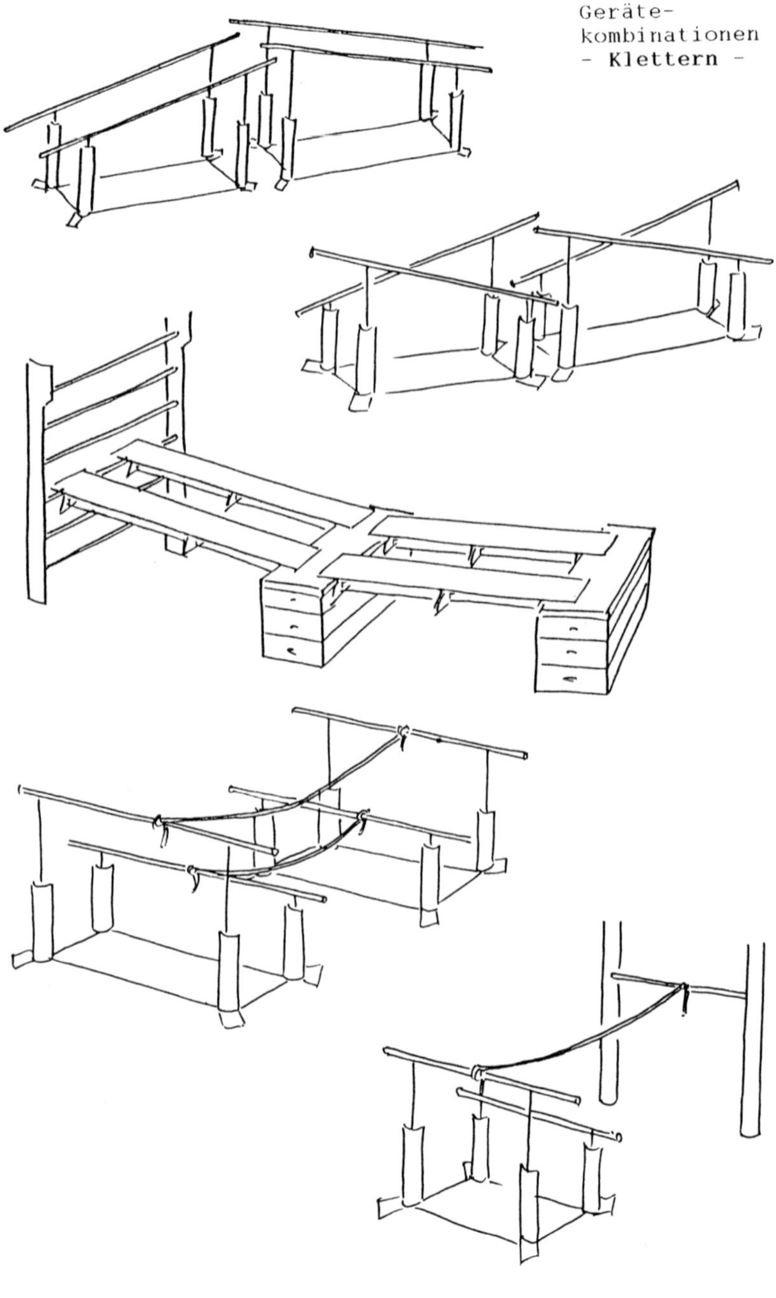

Geräte-
kombinationen
- Klettern -

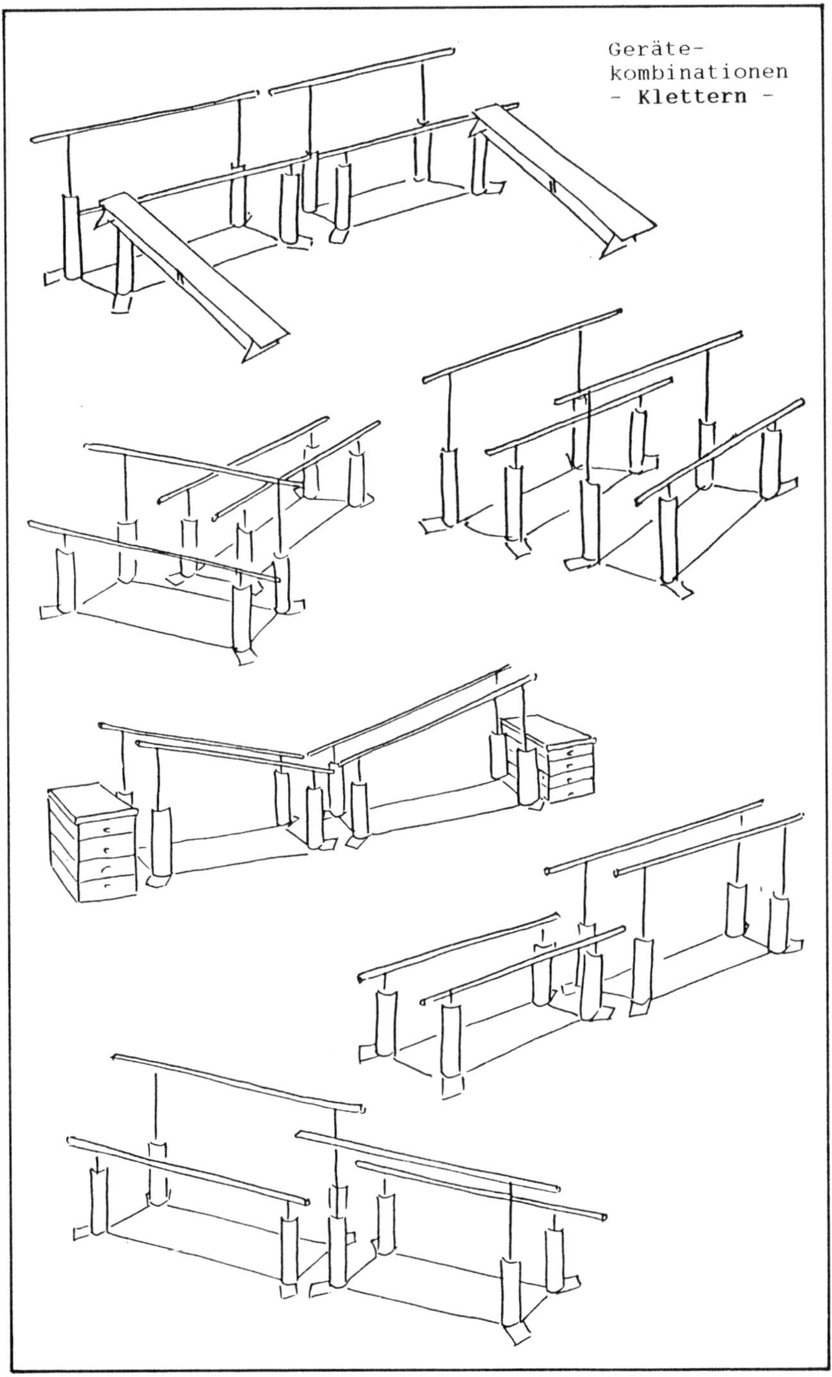

Geräte-
kombinationen
- **Klettern** -

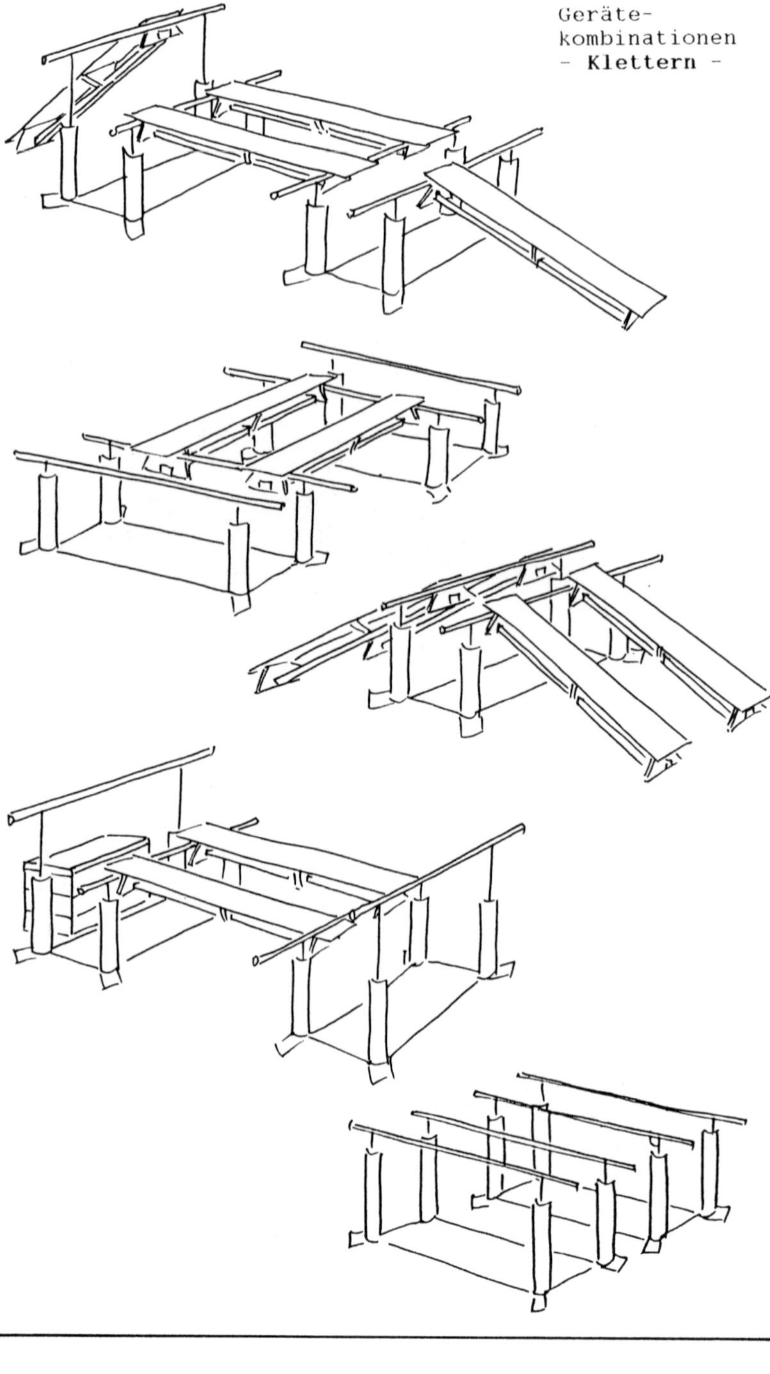

Geräte-
kombinationen
- Klettern -

6.2.2 Balancieren

Mit dem Balancieren wird der ganzheitlich-natürliche Einstieg in das Turnen fortgesetzt; denn auch dieses beinhaltet Tätigkeiten, die die Kinder bei entsprechendem Angebot auch ohne Anleitung von Erwachsenen aufnehmen. Balancieren umfaßt alle die Aufgabenstellungen, bei denen auf schmalem oder beweglichem Untergrund das Gleichgewicht gehalten werden muß. Die Motivation gründet in der Vorstellung, sich wie ein Seiltänzer zu bewegen, und der Reiz besteht in dem Risiko, das Gleichgewicht jederzeit verlieren zu können und „abzustürzen''.
Balancieren umfaßt im allgemeinen Aufgabenstellungen in aufrechter Fortbewegung, d.h. mit Stütz auf den Füßen, im besonderen aber auch solche im Vierfüßlergang auf Händen und Füßen.
Balancieraufgaben ergeben sich in großer Zahl durch unterschiedlichste Zusammenstellungen von Groß- und Kleingeräten. Je nach Breite, Länge, Höhe, Neigung und Festigkeit entstehen auch ganz verschiedene Schwierigkeitsgrade, die eine methodische Strukturierung zulassen und das Interesse wachhalten.

am Kastensteg

über ...

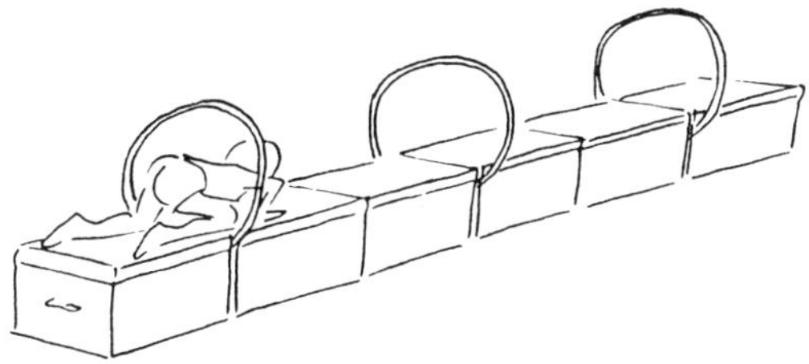

... und durch Hindernisse

an der Bank

balancieren mit
Tragen, Rollen
und Schieben

mit Partner -
einer vorwärts,
einer rückwärts

über Hindernisse

aneinander vorbei

aus dem Gleichgewicht
bringen

mit Bällen

mit Handtuch

mit Stäben

Gruppenaufgabe:
zugfahren

von Bank zu Bank
mit unterschiedlichen
Gleisen

an der schrägen Bank

kriechen, krabbeln,
gehen ...

hinauf und hinab

mit dem Ball
über die Schlucht

den Berg hinauf
und hinab

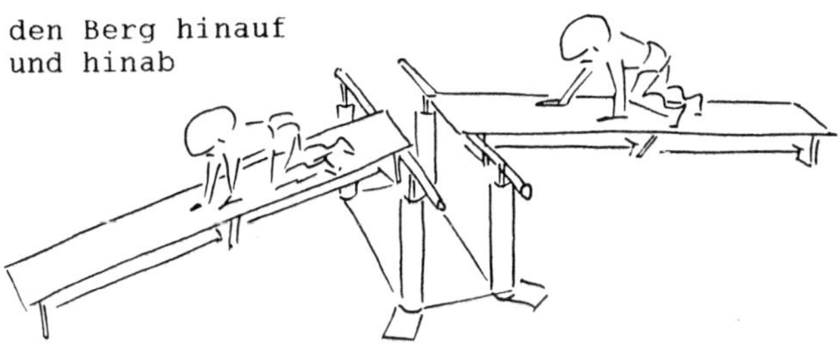

an der Leiter

auf den Holmen

auf den Sprossen

auf allen Vieren

nebeneinander
auf den Holmen

auf den Sprossen

hinauf - hinab
an der Sprossenwand

hinauf - hinab
am Stegel

die Schräge hinab

auf der
hohen Leiter

an der umgedrehten Bank

mit Partnerhilfe

auf allen Vieren

auf Zehenspitzen

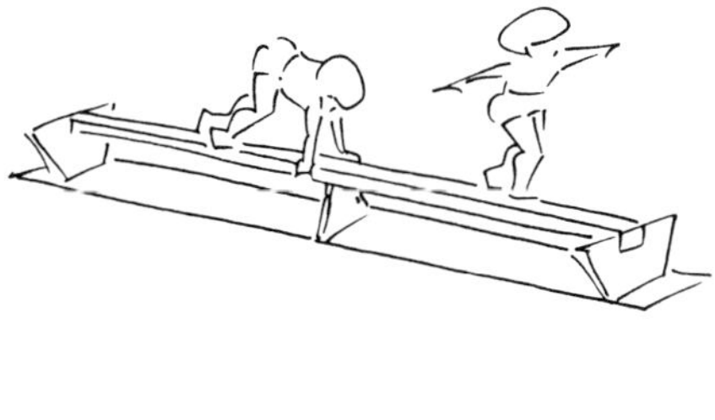

im Krebsgang

mit Hinknien

seitwärts

rückwärts mit
Partnerhilfe

rückwärts -
halbe Drehung -
vorwärts

über Hindernisse
(z.B. Medizinbälle
mit untergelegten
Ringen)

durch den Reifen

in Reifen steigen

zu zweit im Reifen

rückwärts mit
Partnerhilfe und
Reifen

mit verschiedenen
Aufgaben

Gegenstände im
Gleichgewicht halten

Gruppe mit
Handfassung

Gruppe seitwärts

zu zweit
nebeneinander

einer vorwärts -
einer rückwärts

vorwärts mit
Bankwechsel

zu dritt
nebeneinander

quer über
die Bänke

bergauf und bergab
(vorwärts, rückwärts,
seitwärts)

zu zweit
nebeneinander

auf allen Vieren

mit Hinknien

Gruppe bergauf
und bergab

bergauf im
Grätschschritt

in der Höhe mit
Partnerhilfe

auf dem langen
Weg

zu zweit mit
Handfassung

auf allen Vieren

mit Hinknien

seitwärts

Wiegeschritt mit Partnerhilfe

Gruppe auf dem langen Weg

vorwärts

seitwärts

auf dem Barren

am Geländer

mit Geländerwechsel

auf beiden Holmen

bergauf und bergab
am schrägen Barren

bergauf am
schrägen Holm

bergauf und bergauf
am Kreuz-Barren

aneinander vorbei
am Kreuz-Barren

bergauf / bergab
aneinander vorbei

Balanciergarten

auf dem Schwebebalken

verschiedene
Aufgaben

am schrägen Balken

am hohen Balken

durch Reifen

auf dem Stegel

auf dem niedrigen Balken

bergauf mit Geräten

verschiedene Aufgaben

hinauf und
hinab

zu dritt
in unter-
schiedlichen
Höhen

auf dem Doppelbalken

am schrägen Balken

ganz oben

auf Reckstangen

im Grätschschritt

auf allen Vieren

auf dem
schmalen Weg

so ...

... oder so

hinauf und hinab
mit Partnerhilfe

an der Bank-Wippe

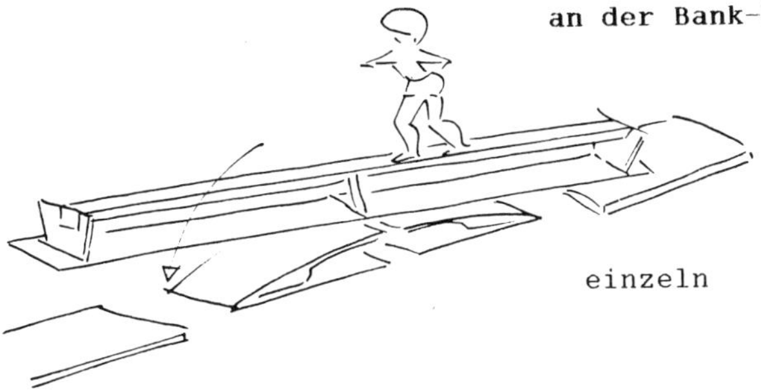

einzeln

zu zweit und
in Gruppen

Bank-Wippe mit
kleinem Kasten

Geräte-kombinationen - Balancieren -

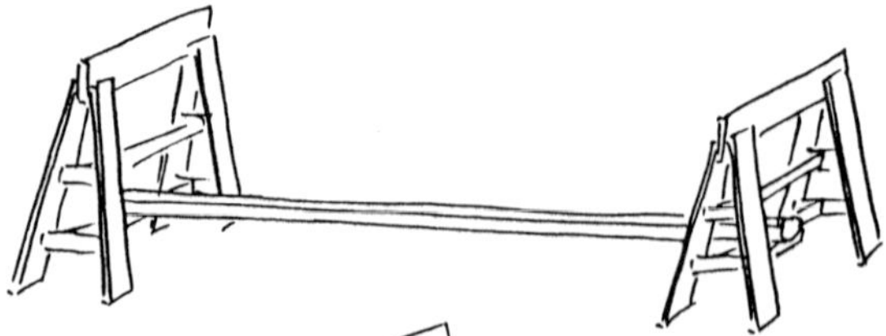

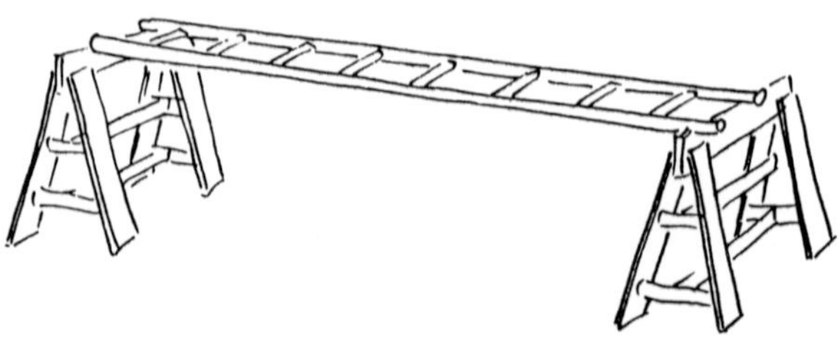

Geräte-
kombinationen
- **Balancieren** -

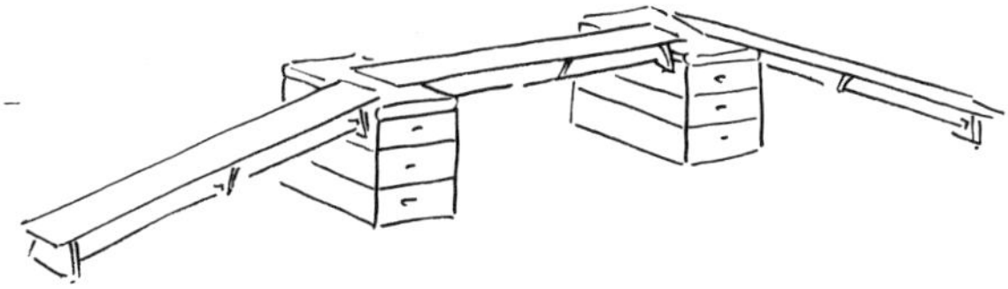

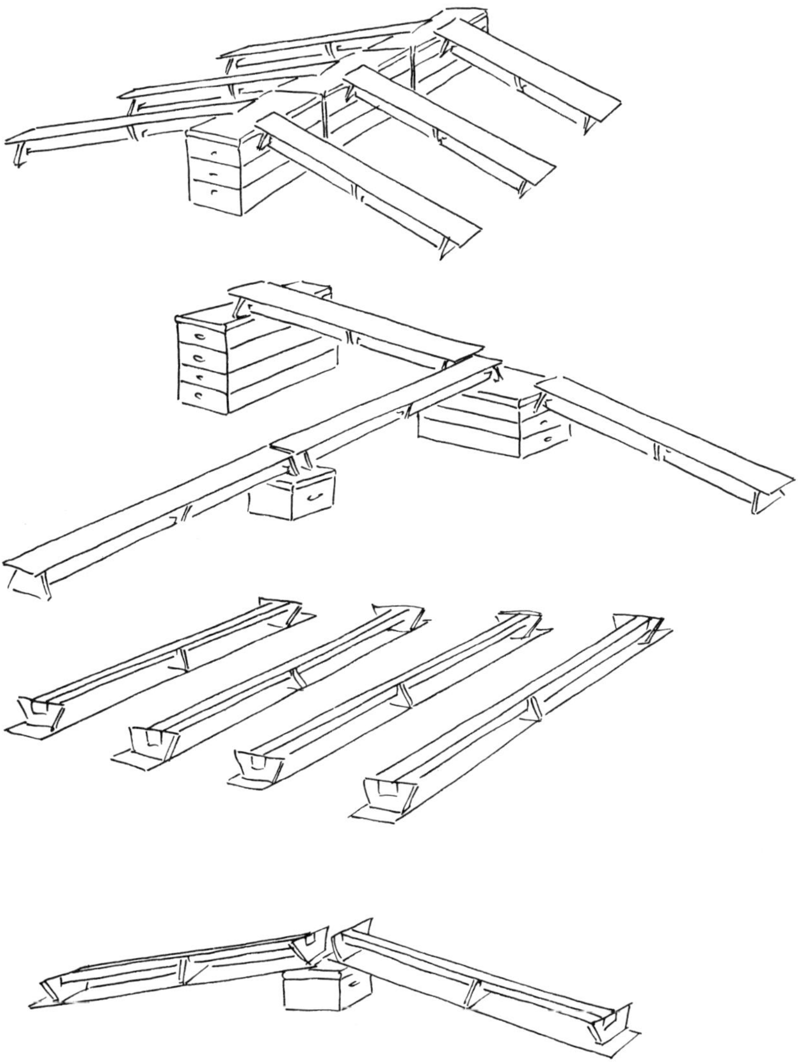

Geräte-
kombinationen
- **Balancieren** -

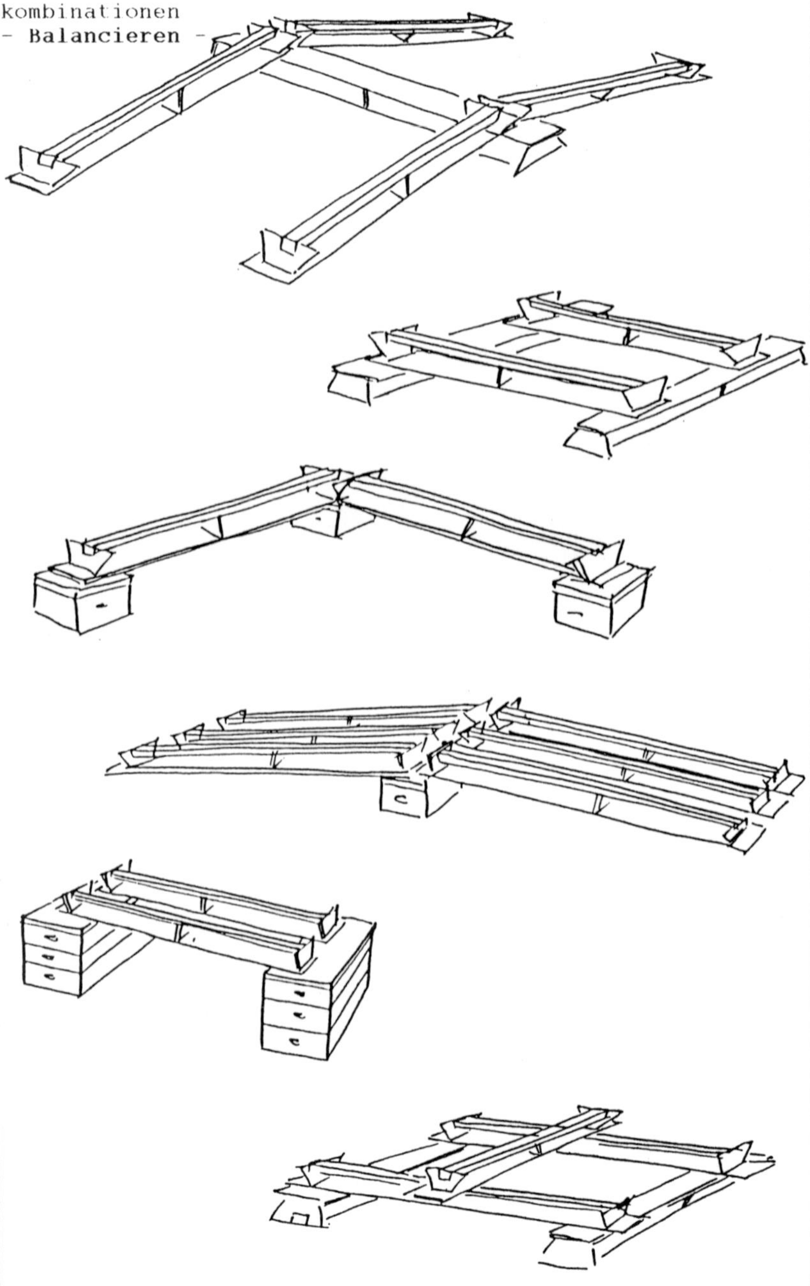

Geräte-
kombinationen
- **Balancieren** -

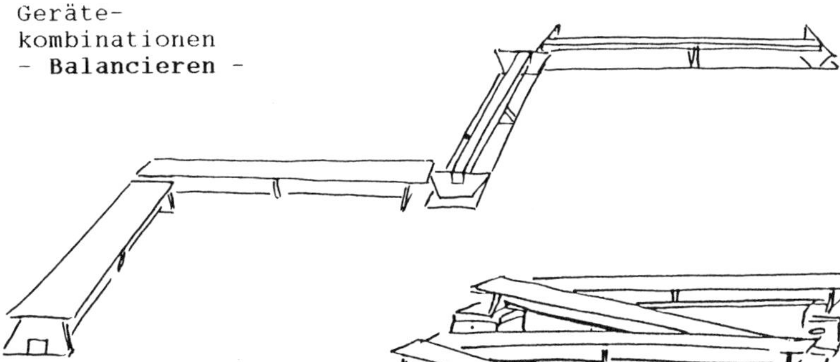

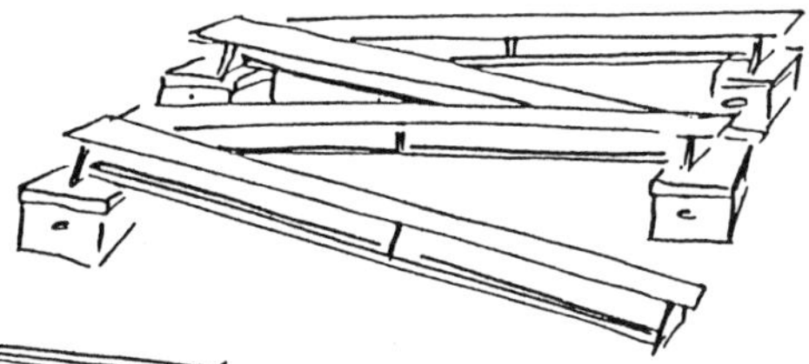

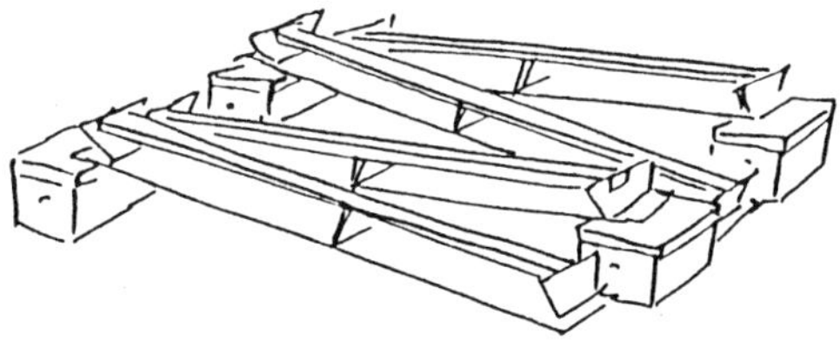

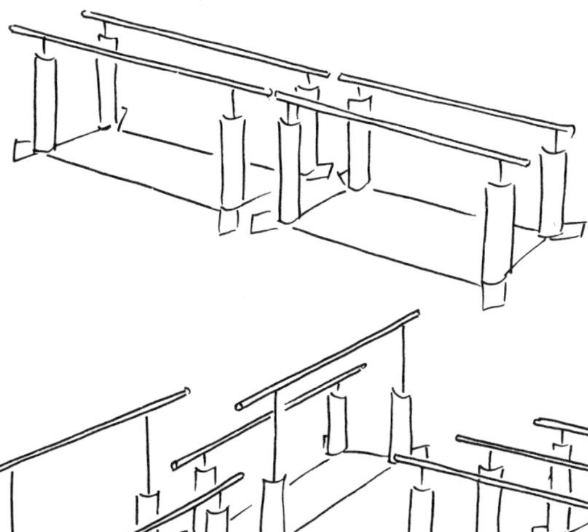

6.2.3 Stützen

Stützen bedeutet, das Körpergewicht mit der Stemmkraft der oberen Extremitäten zu tragen. Die Bewegungsvielfalt des Stützens beginnt beim Krabbeln, bei dem — wie auch bei vielen anderen Stützsituationen — das Körpergewicht auf Arme und Beine verteilt ist; es reicht bis zu Aufgabenstellungen, bei denen der Körper allein von der Arm-Schulter-Muskulatur getragen wird.
Für Kinder sind „Vierbeinstütze" zunächst eine angemessene Reizsetzung für die Ausbildung der Stützkraft. Bei Aufgabenstellungen, die allein von der Stemmkraft der Arme abhängig sind, muß in diesem Alter auf nur kurzfristige Belastungen wert gelegt werden, um eine Überforderung des muskulären Systems zu vermeiden.

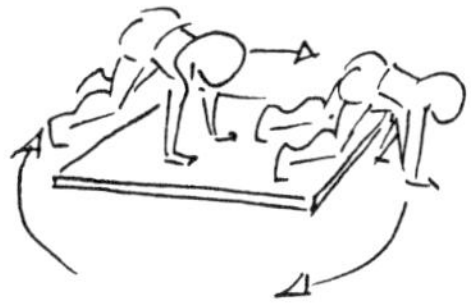

an Matten

kreisstützeln

Füße innen -
Füße außen

auf allen Vieren
(vorwärts, rückwärts,
seitwärts)

im Krebsgang
(vorwärts, rückwärts,
seitwärts)

stützeln im Liegestütz
"Seelöwe"

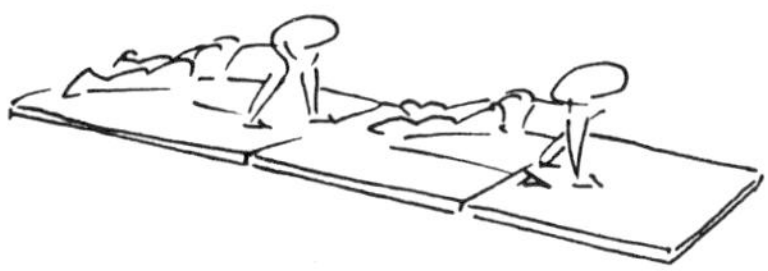

Schubkarre
Achtung: Griff an den Oberschenkeln!

Hasenhupf

vorwärts

hin und her

über Hindernisse

über Gräben

an der Bank

auf allen Vieren

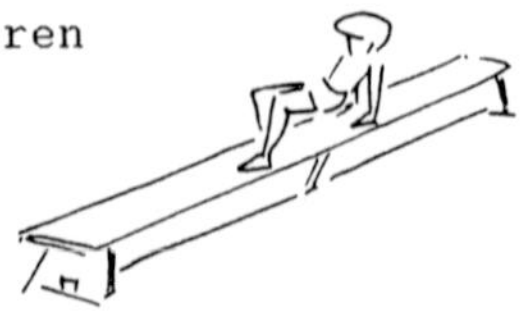

im Krebsgang

eine Fliese ziehen

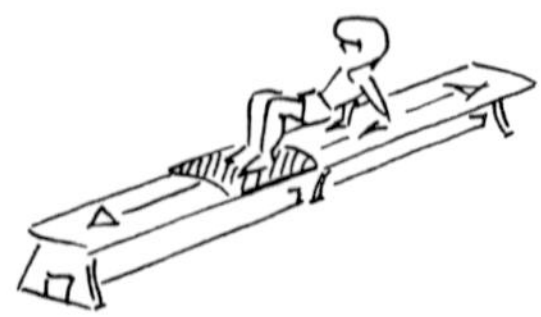

eine Fliese schieben

im Kreis herum

"Seelöwe"

halbe Hockwenden
(Boden - Bank - Boden)

hockwenden

grätschspringen

Vierfüßlergang

Hände unten,
Füße oben

eine Hand auf
dem Boden

seitwärts

Hände unten,
Füße oben

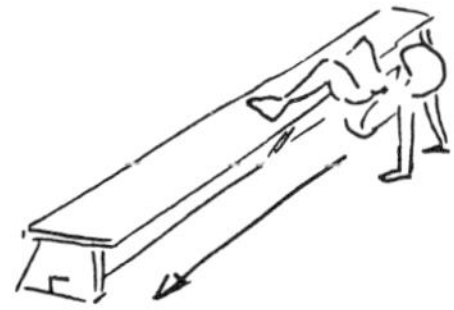

Krebsgang seitwärts

an der Bankgasse

auf allen Vieren

im Krebsgang

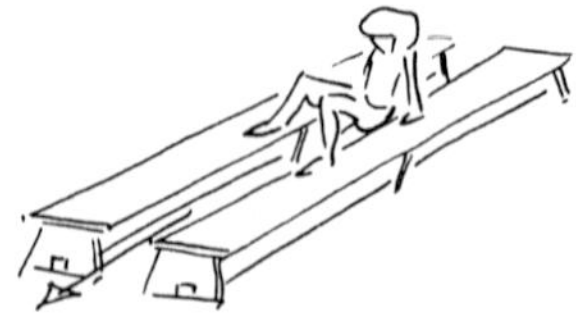

seitwärts auf
allen Vieren

im Krebsgang seitwärts

im Krebsgang vorwärts
mit Absenken

auf allen Vieren
mit Absenken

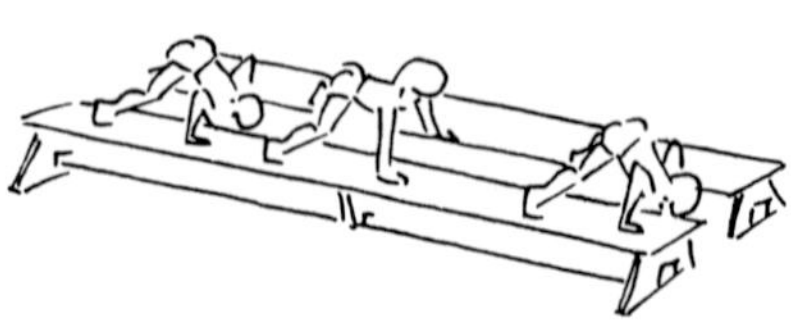

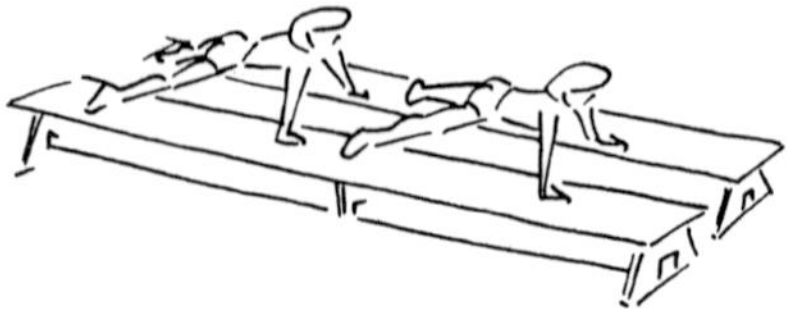

"Seelöwe"

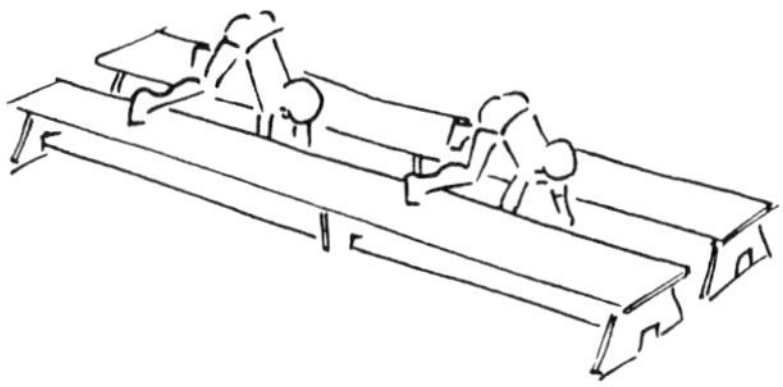

auf allen Vieren -
Hände unten,
Füße oben

hockstützwedeln

zick-zack-hüpfen

grätschhüpfen

stützhüpfen über
Medizinbälle

... oder
Schaumstoffblöcke

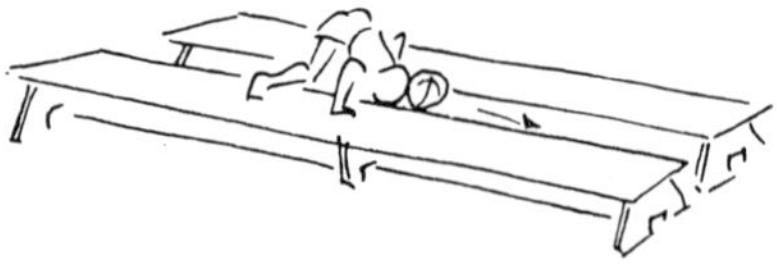

Ball mit dem
Kopf rollen

an quergestellten Bänken

auf allen Vieren

rhythmische Aufgaben

hockwenden

mit kreuzenden
Laufwegen

synchron in der
Dreiergruppe

an der umgedrehten Bank

auf allen Vieren

im Krebsgang

hockwenden

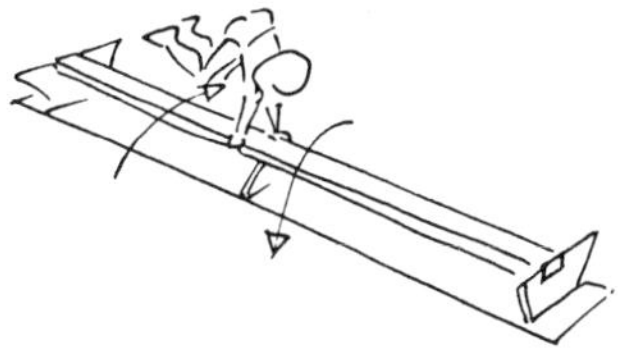

grätschspringen

an der schrägen Bank

auf allen Vieren

hinauf und hinab
im Krebsgang

hockwenden

hinauf

hinab

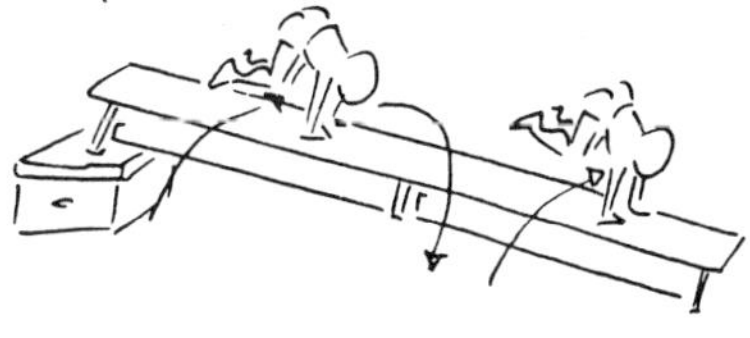

steil hinab

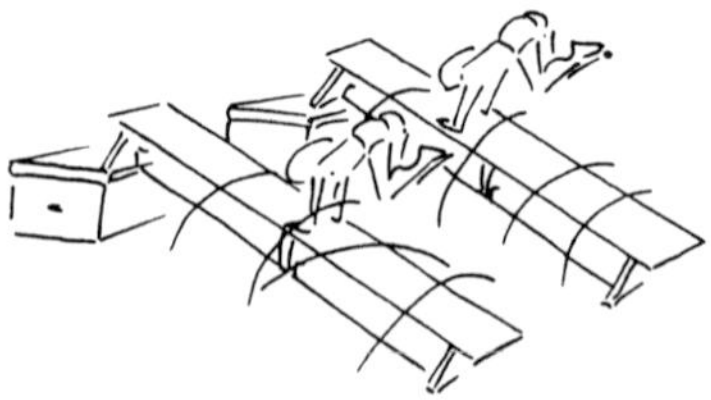

rhythmische Aufgaben

die Schräge hinauf

hinauf und hinab

am Bankkreuz

an der schrägen Bankgasse

seitwärts hinauf
und hinab

hockstützen über
Medizinbälle

steiler hinauf

über Schaumstoffblöcke

an der hohen Bank

auf allen Vieren

im Krebsgang

an der hohen Bankgasse

auf allen Vieren

im Krebsgang seitwärts

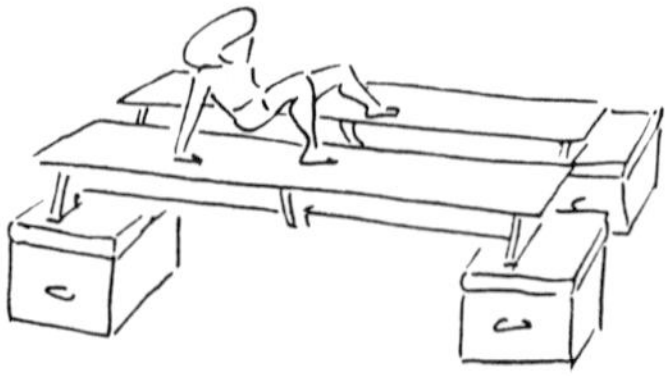

im Krebsgang

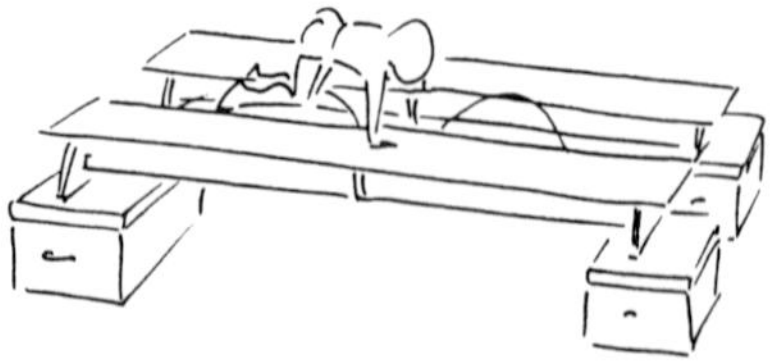

hockstützen

wanderstützschwingen

stützhüpfen mit
Aufsetzen der Füße
hinter den Händen

Stützhüpfen mit
Aufsetzen der Füße
im Wechsel vor
und hinter den Händen

wanderstützen bergauf

wanderstützen

an der Kastengasse

seitwärts auf
allen Vieren

im Krebsgang

stützwedeln

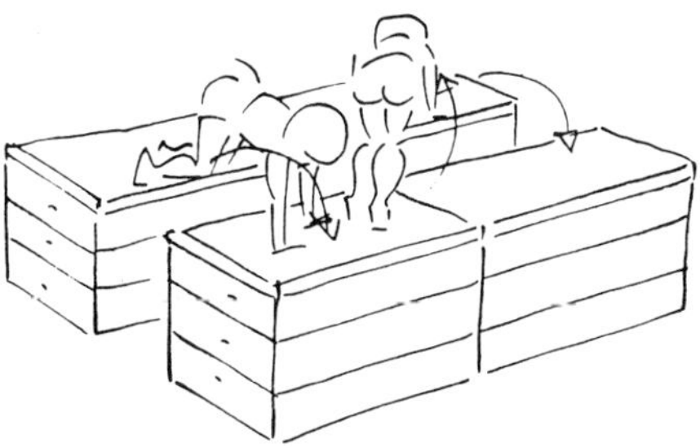

hockwenden
hin und her

wanderstützen
die Treppe hinauf

wanderstützen

wanderstütz-
schwingen

stützschwingen mit
Aufsetzen der Füße
beim Rückschwung

stützschwingen mit
Aufsetzen der Füße
beim Vorschwung

am Stegel

hockwenden

kehrspringen

stützspringen am
Geländer

stützspringen an
der Balkentreppe

hockwenden am
schrägen Balken

hockstützen über
Medizinbälle an der
schrägen Balkengasse

stützwandern an der
schrägen Leiter

die Rutsche
hinauf,
die Leiter
hinunter

kehrspringen
an der abfallenden
Balkengasse

stützen und abrollen

wanderstützen

wanderstützen
bergauf

kehrspringen

über die hohe
Balkengasse

auf allen Vieren

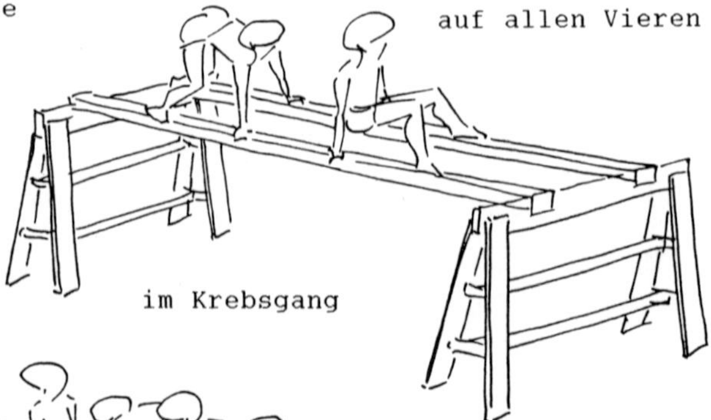

im Krebsgang

wanderstützen
an der hohen
Leiter

am Barren

auf allen Vieren

im Krebsgang

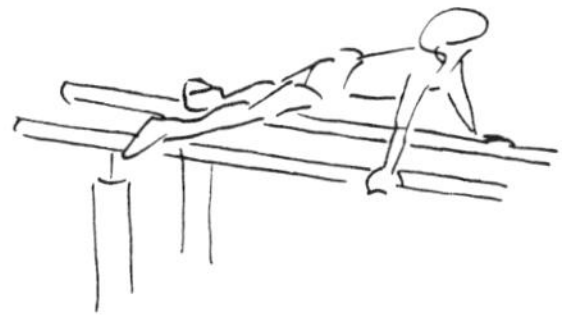

"Seelöwe"

bergauf

bergab

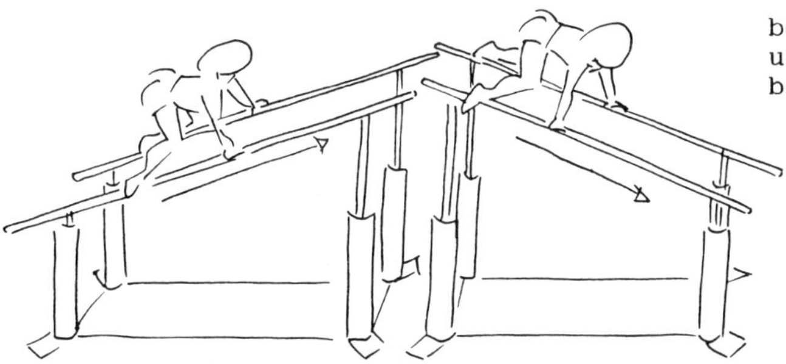

bergauf
und
bergab

wanderstützschwingen
von Kasten
zu Kasten

wanderstützen

wanderstützen
bergauf

stützschwingen

aufsetzen der Füße
beim Rückschwung

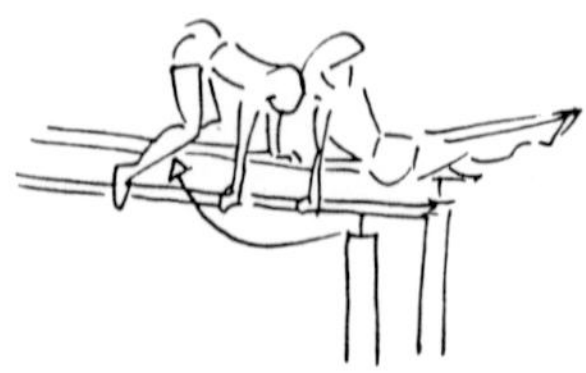

aufsetzen der Füße
beim Vorschwung

aufsetzen der Füße
bei Vor- und
Rückschwung

wanderstützschwingen
über den Stand auf
den Barren

aufgrätschen bei
jedem Vorschwung

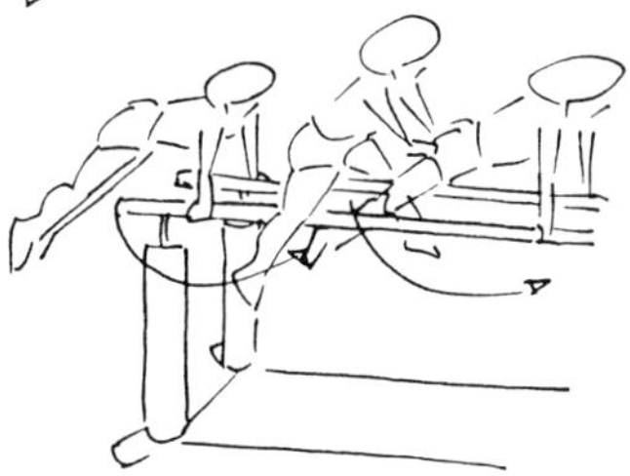

wandergrätschen

am kleinen und
am großen Kasten

stützhüpfen

über Gräben

um den Kasten
herum stützeln

vorlings

rücklings

liegestützlaufen
vor und zurück

hockwenden

grätschen

grätschen über
die Kastenecke

grätschen an
der Kastenreihe

aufhocken und
abgrätschen

aufhocken und
hockwenden

aufhocken und
abgrätschen über
die Kastenecke

über zwei Kästen

rhythmische Reihen

im Kreis über
die Kastenecken

über kleine Kästen

über die Kastenecken

stützhüpfen
mit abschlie-
ßender Hock-
wende

stützhüpfen
mit abschlie-
ßender Grätsche
über die Kasten-
ecke

grätschen über
die Kastenecke
an der Kastentreppe

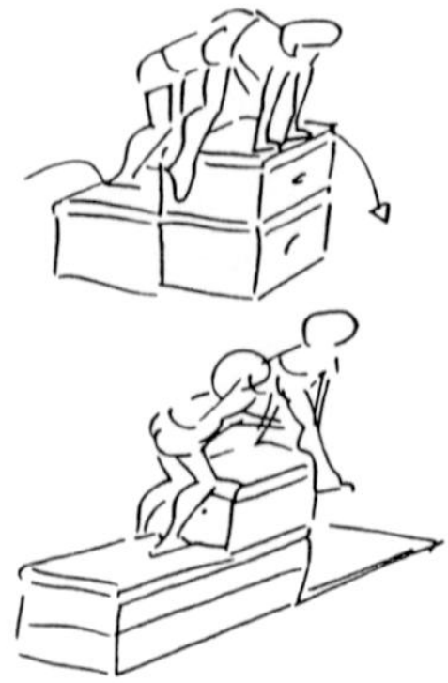

grätschen an
der Kastentreppe

grätschen vom
Mattenberg über
den kleinen Kasten

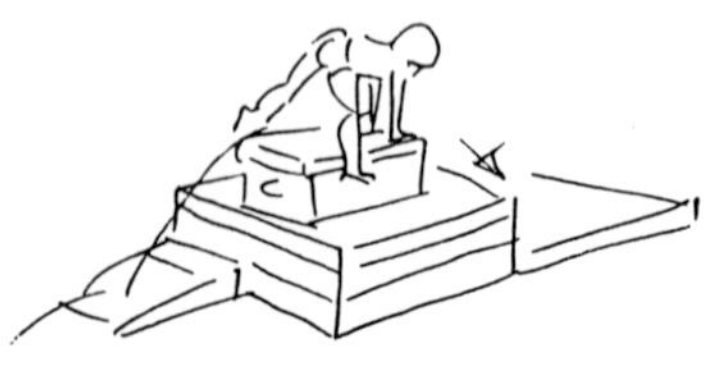

mit Absprung
vom Sprungbrett

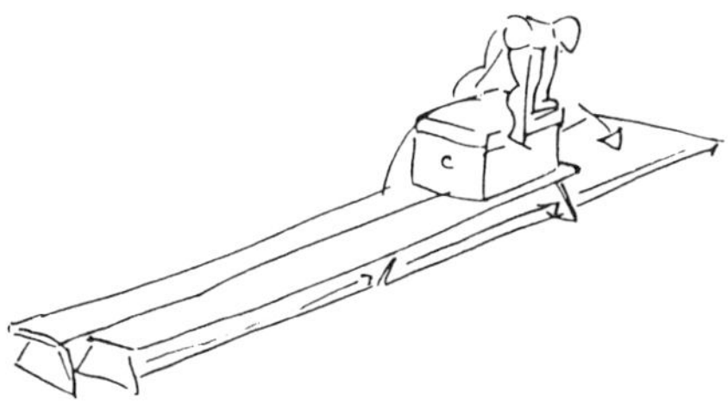

grätschen über
den kleinen Kasten
am Bankende

(Bänke so versetzt,
daß keine Lücke bleibt)

aufhocken und
abgrätschen

vom Banksteg über
den Doppelkasten

auf- und abgrätschen
am erhöhten Kastendeckel

aufhocken und
hockwenden

hockwenden über
den erhöhten
kleinen Kasten

hockwenden vom Banksteg
über den Doppelkasten

aufhocken und hockwenden

aufhocken und hockwenden
an der Kastentreppe

hockwenden

über den Kastendeckel

über den zweiteiligen
Kasten

über den dreiteiligen
Kasten usw.

rhythmische Sprünge an der Kastenreihe

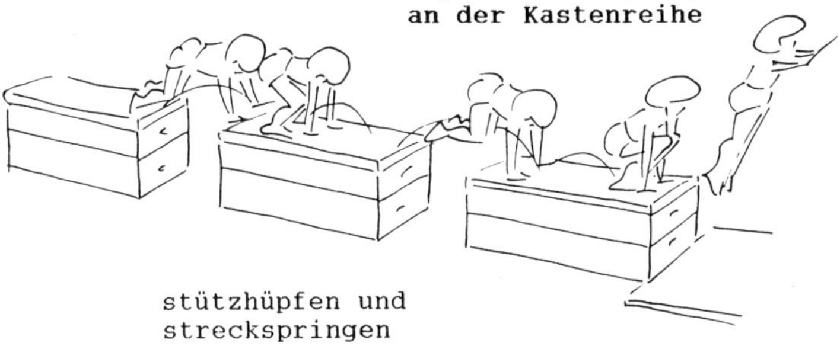

stützhüpfen und streckspringen

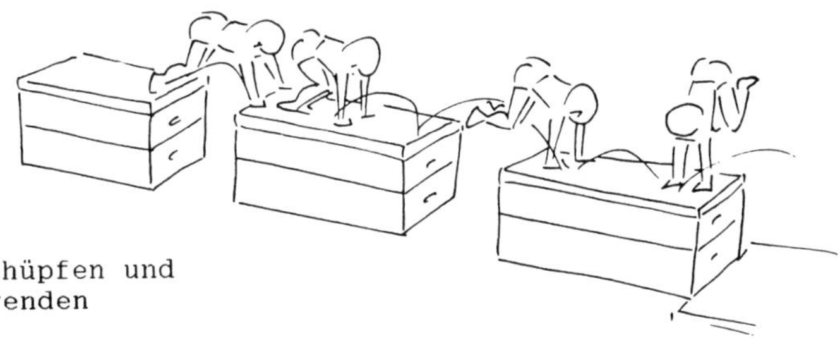

stützhüpfen und hockwenden

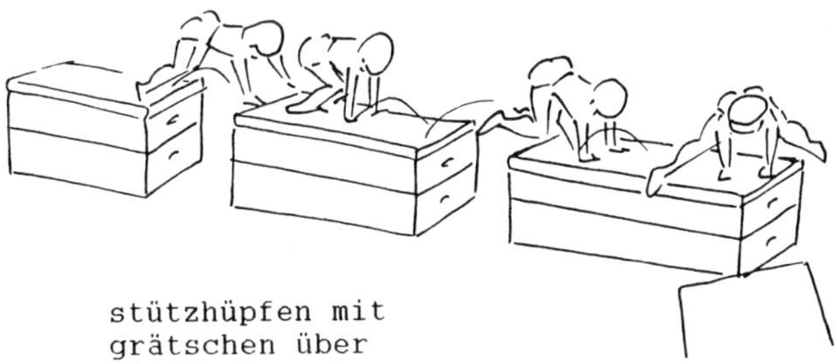

stützhüpfen mit grätschen über die Kastenecke

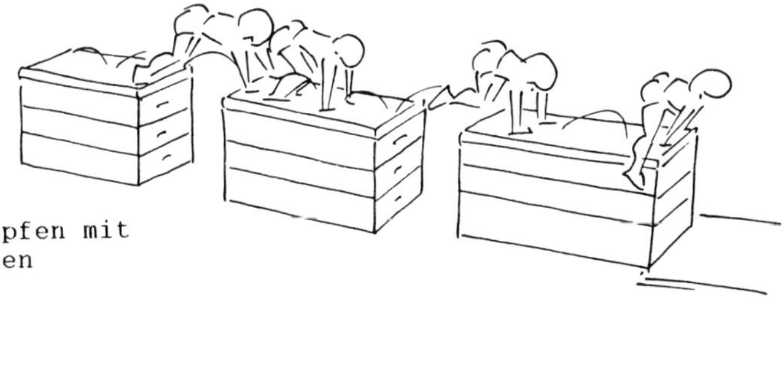

stützhüpfen mit grätschen

aufhocken und
abgrätschen
über die
Kastenecke

mit Absprung
vom kleinen Kasten

mit Absprung
vom Sprungbrett

**Grätsche über
den Bock**

mit Absprung vom
kleinen Kasten

mit Einsprung
in das Sprungbrett

mit Absprung
vom Sprungbrett

mit vorgestelltem
kleinen Kasten

hocken

aufhocken auf
den Weichbodenberg

aufhocken auf
den Sprunghügel

wanderhocken
an der erhöhten
Bankgasse

oder an der
erhöhten
Kastengasse

hockspringen
bergauf

hockspringen
bergauf über
Hindernisse

hockspringen bergauf
mit abschließendem
Hocken durch die
Kastengasse

**hocken durch die
Kastengasse**

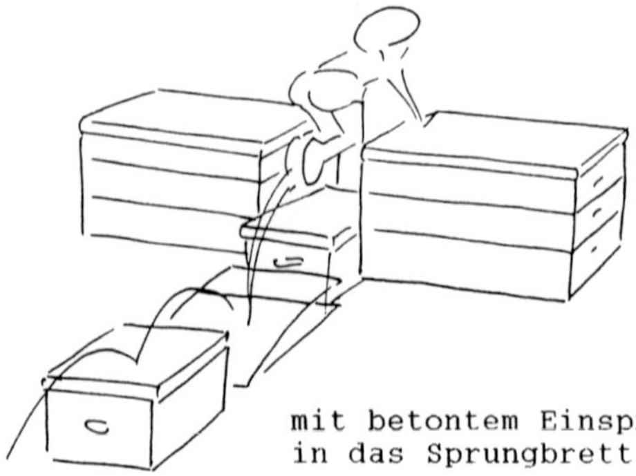

mit betontem Einsprung
in das Sprungbrett

mit Absprung vom
Sprungbrett

mit vorgestelltem
kleinen Kasten

aus dem Stützhüpfen
an kleinen Kästen

aufhocken und
überhocken

an verschiedenen
Hindernissen

stützhüpfen
und hocken

stützen im Kniehang

an den Leitersprossen

am Balken

am Barren

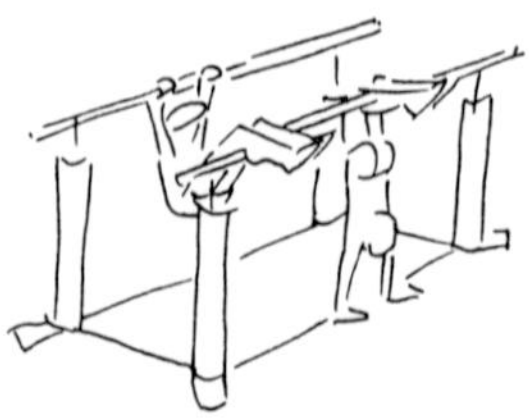

von innen

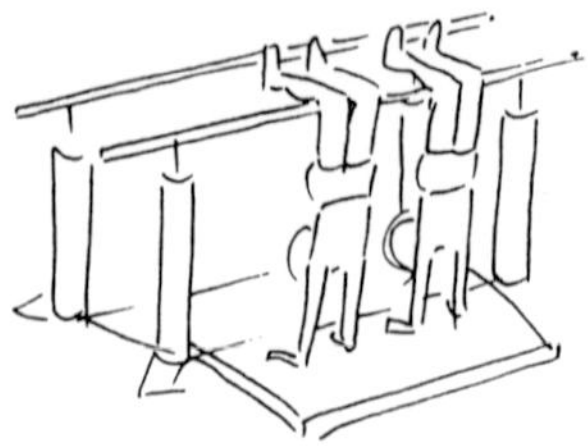

von außen

an den Ringen
beid- und einbeinig

am Reck

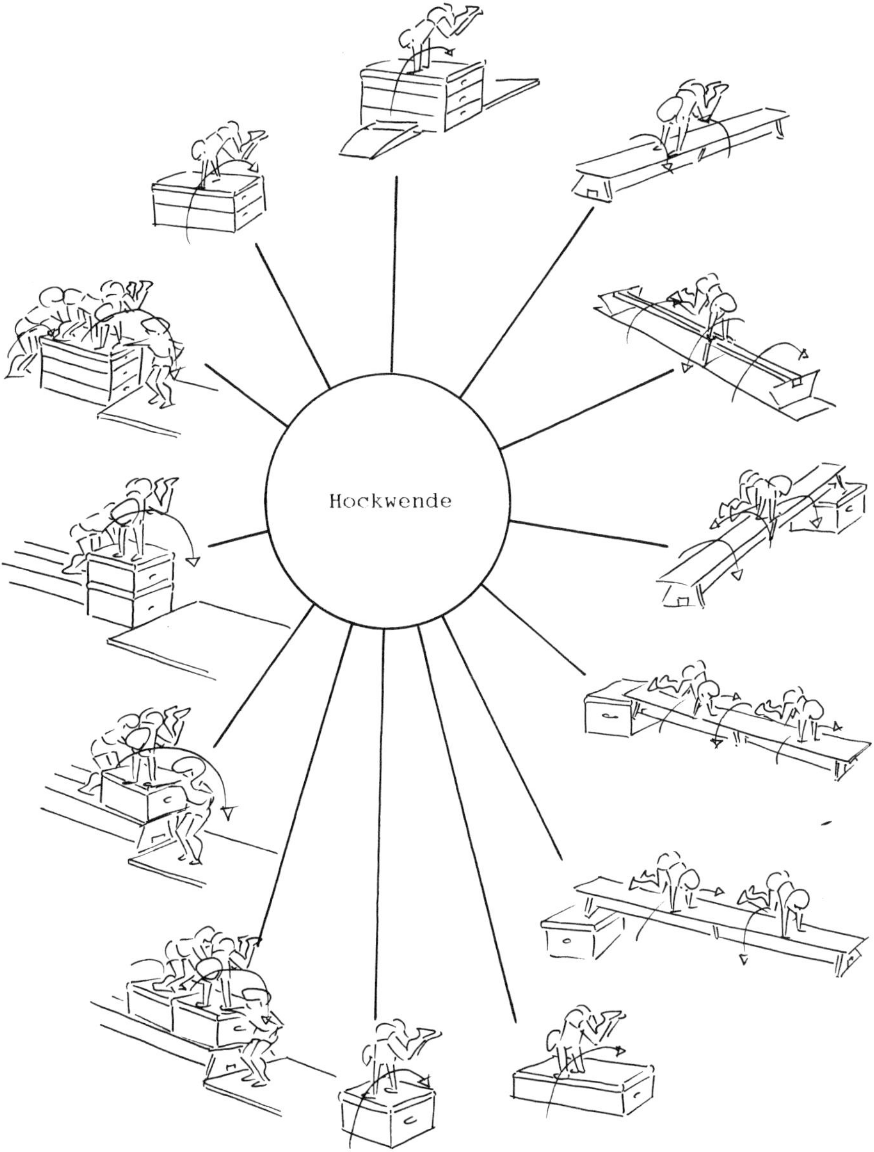
Hockwende

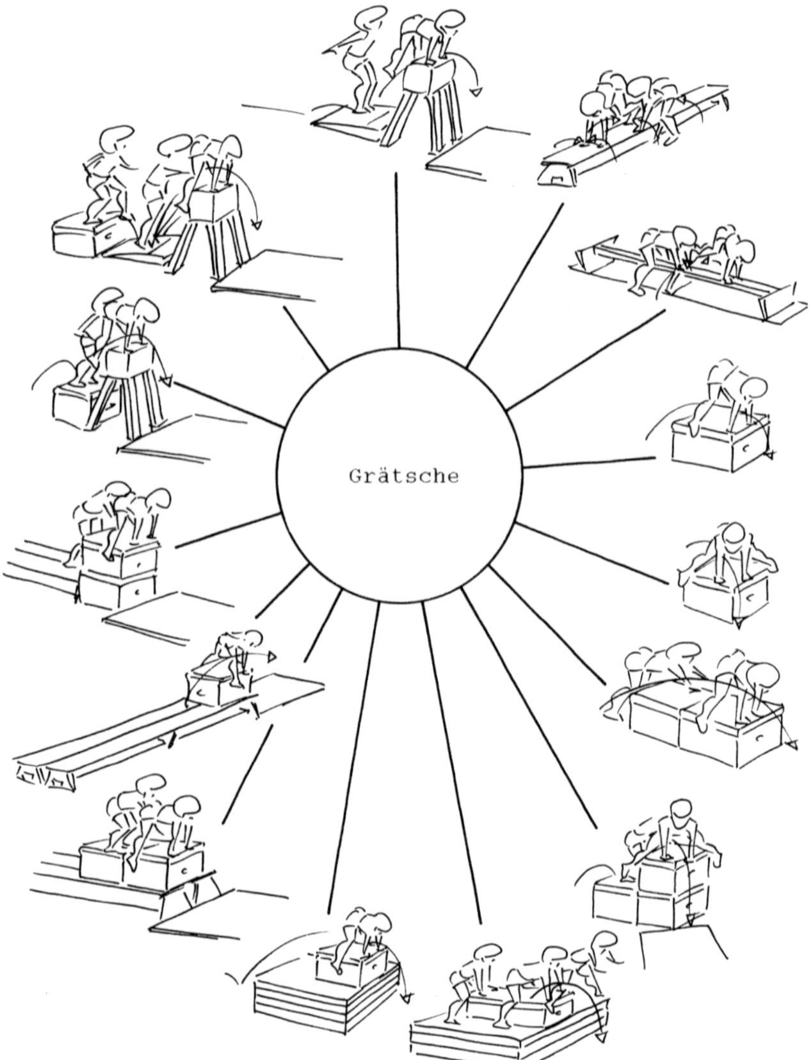
Grätsche

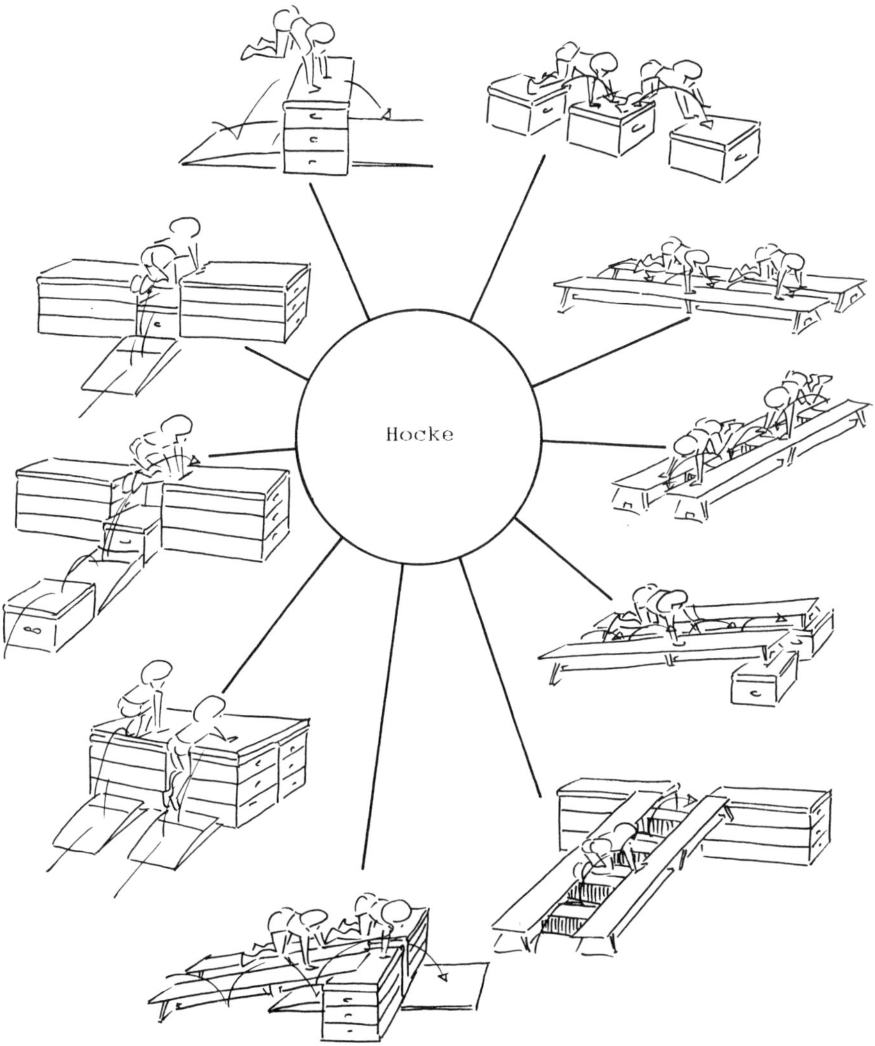
Hocke

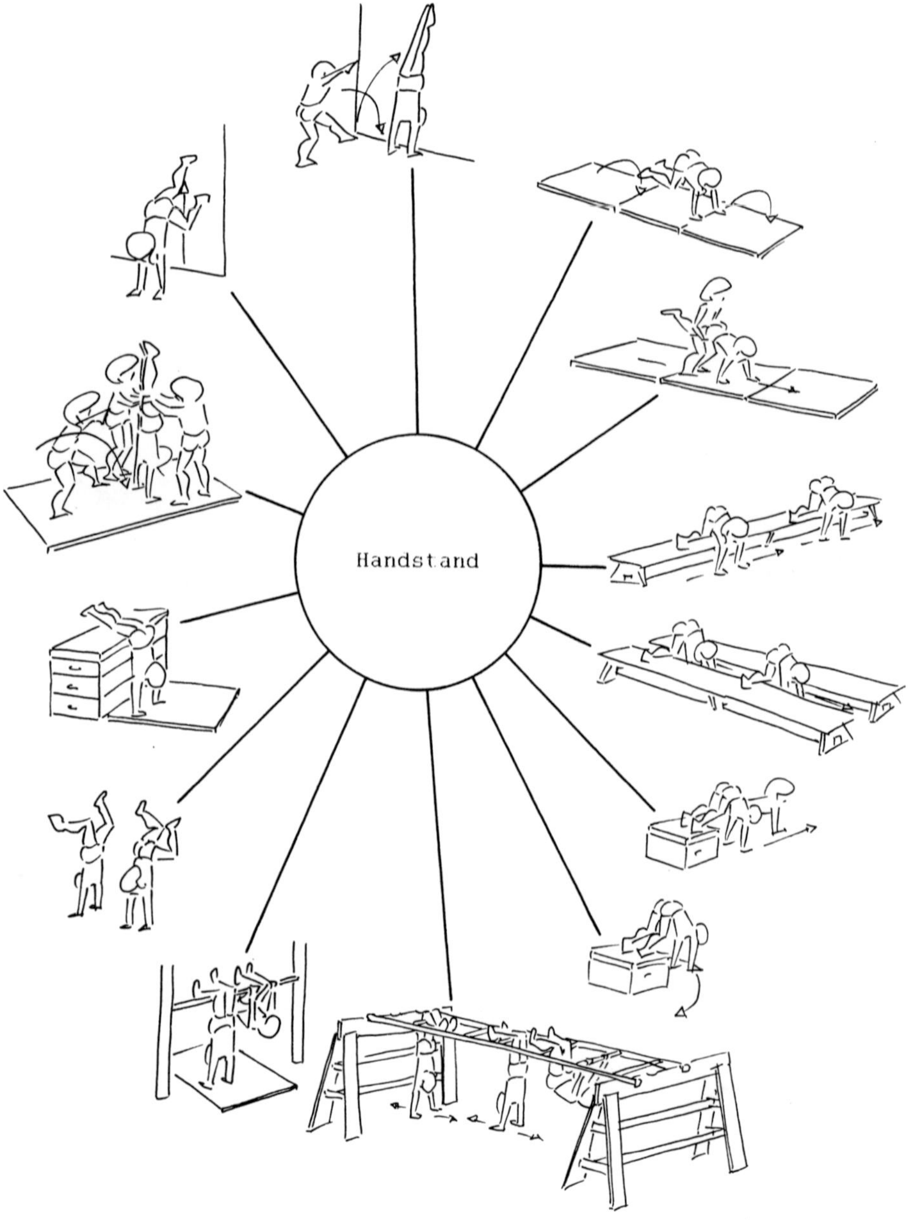
Handstand

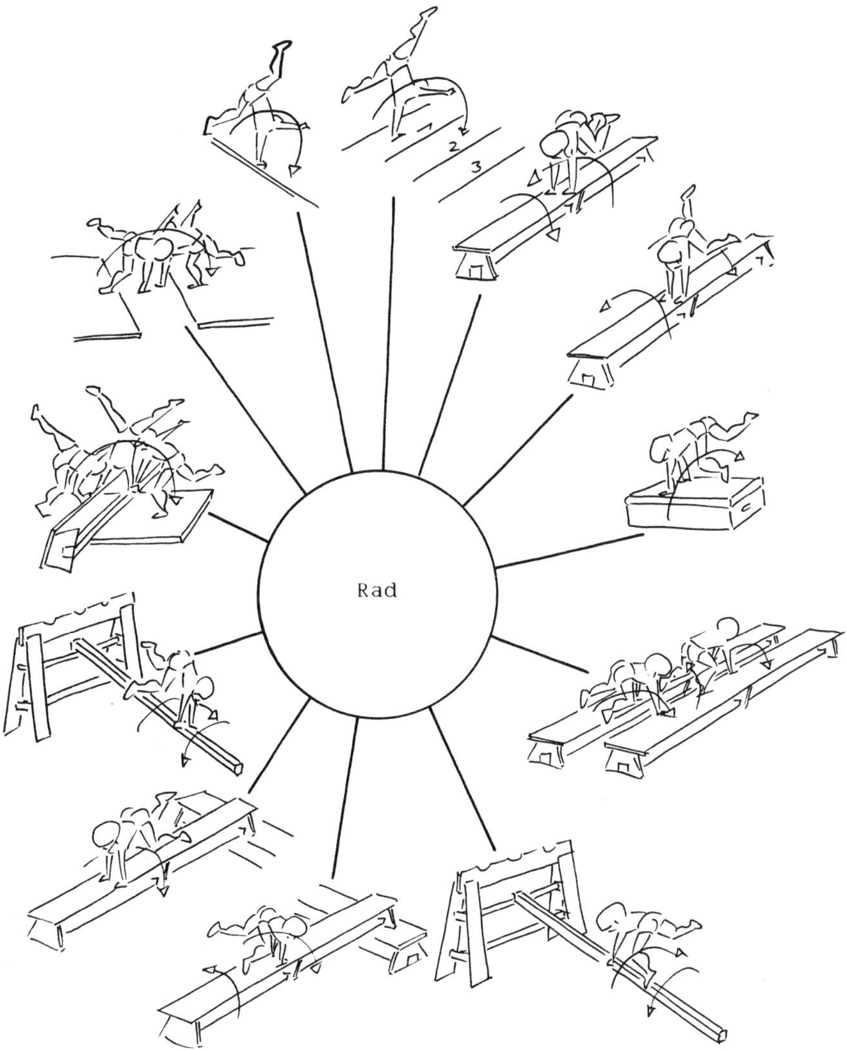
2
3
Rad

Geräte-
kombinationen
- **Stützen** -

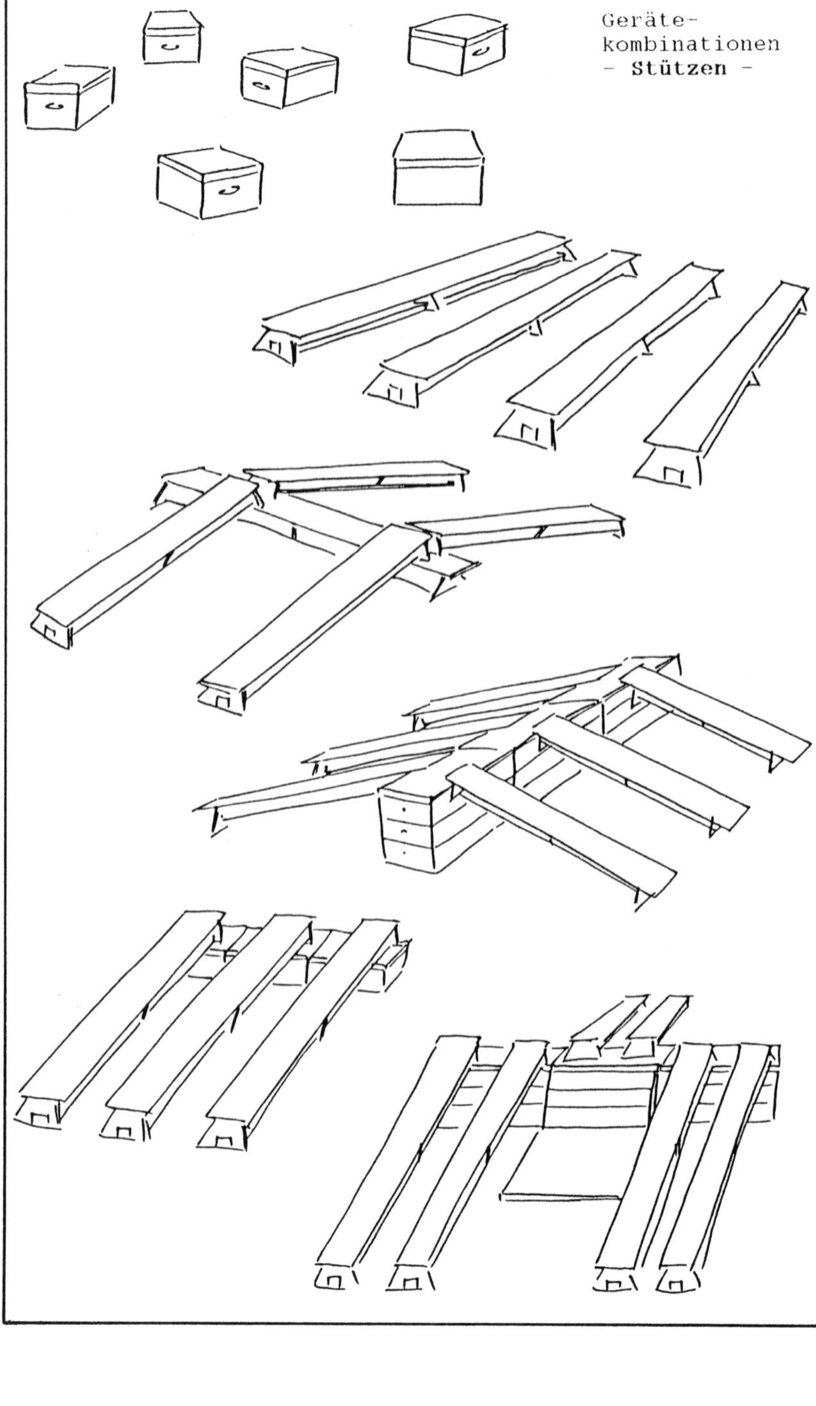

Geräte-
kombinationen
- **Stützen** -

Geräte-
kombinationen
- **Stützen** -

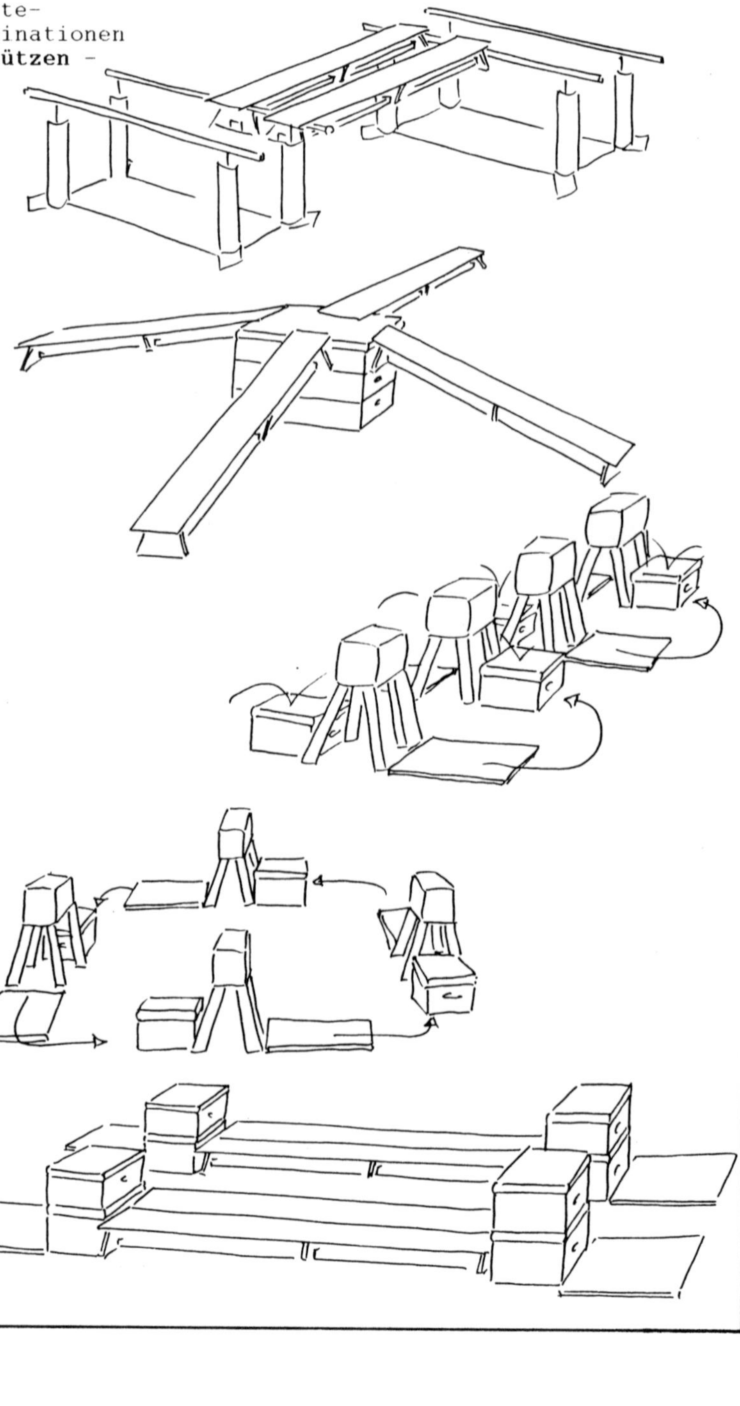

Geräte-
kombinationen
- Stützen -

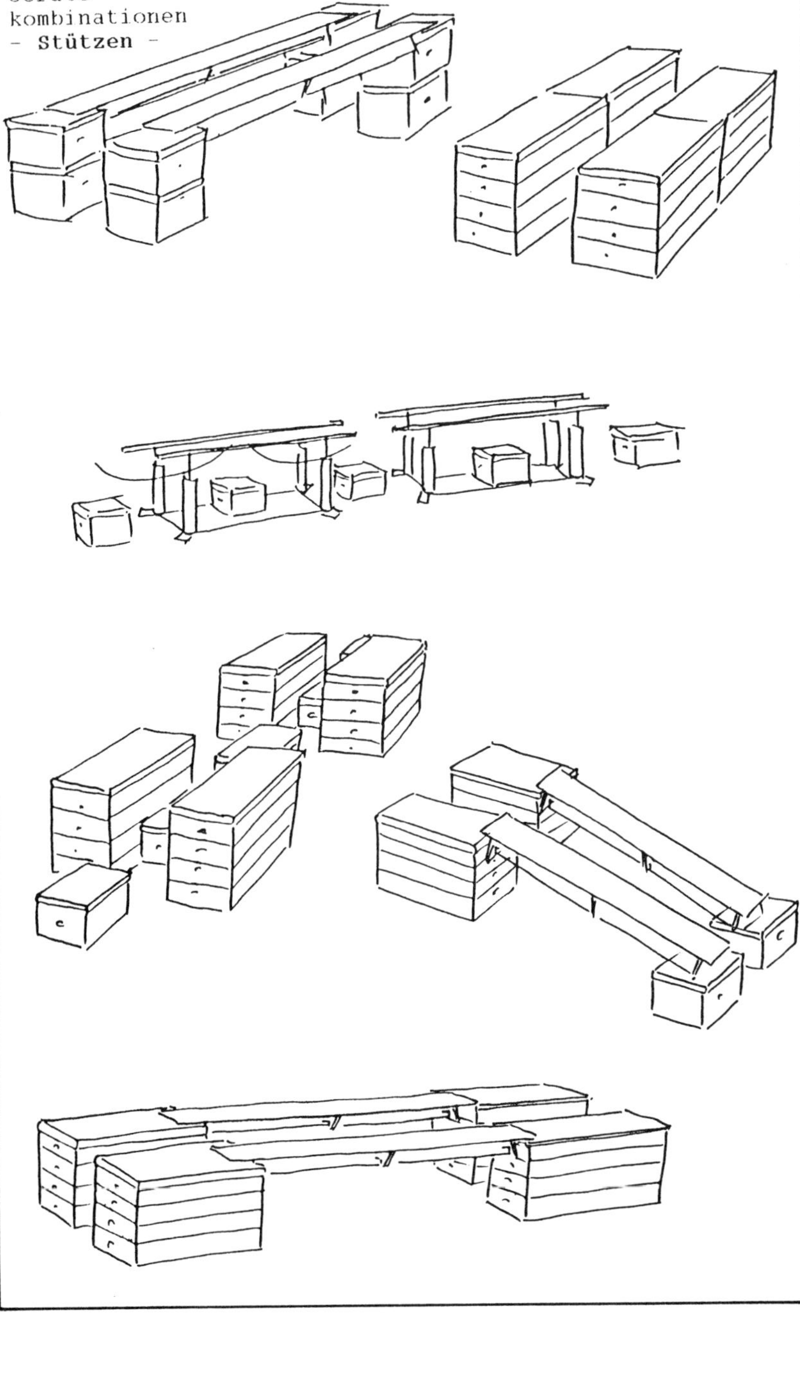

Geräte-
Kombinationen
- Stützen -

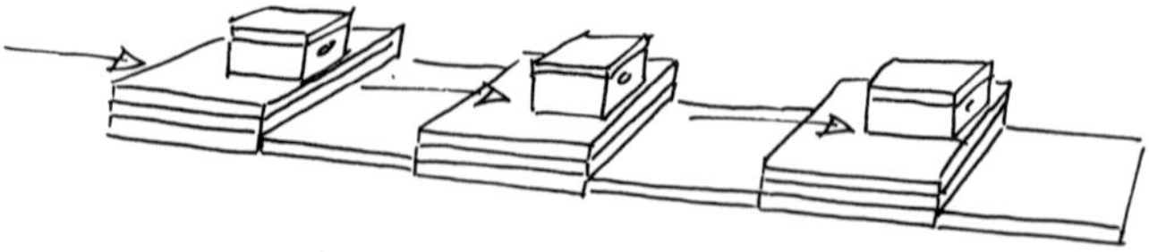

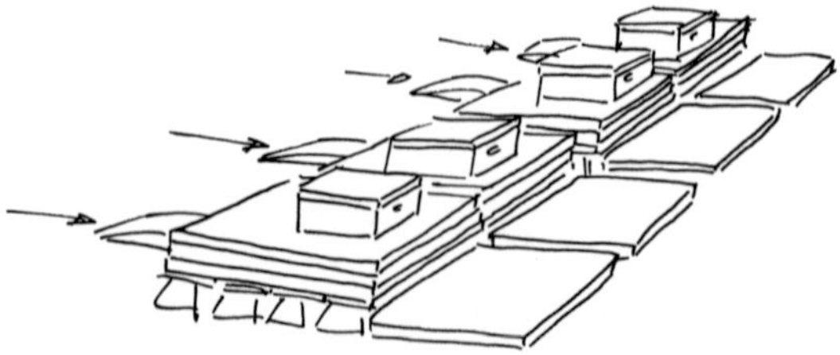

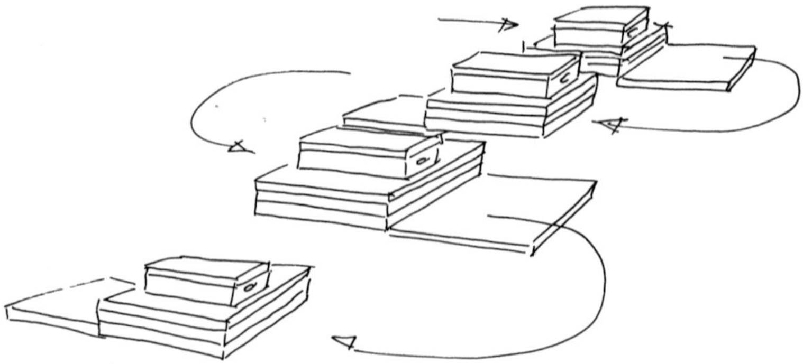

6.2.4 Schwingen

Mit Schwingen sollen alle die Aufgabenstellungen zusammengefaßt werden, bei denen der Körper an den Händen und Armen oder an den Beinen aufgehängt an oder mit einem Gerät hin- und herpendelt. An einem Tau wie Tarzan von einem Ort zum anderen schwingen oder kopfunter im ,,Schweinebaumeln'' riskant zu schaukeln — alles das hat für Kinder einen enormen Reiz. Die beim Schwingen erzeugte Geschwindigkeit und die auftretenden Fliehkräfte unterstützen das besondere Erlebnis.
Aufgabenstellungen wie Schwingen an etwas, von etwas herunter, von einer Seite zur anderen oder auf etwas hinauf gestalten das Thema variabel. Sie sind vor allem auch für die körperliche Ausbildung von besonderem Wert, weil sie mit einer Kraftschulung einhergehen, deren Akzente im Schulter- und im Rumpfbereich liegen. Schwingen ist erlebnisreiches, kindgemäßes Krafttraining.

am Tau

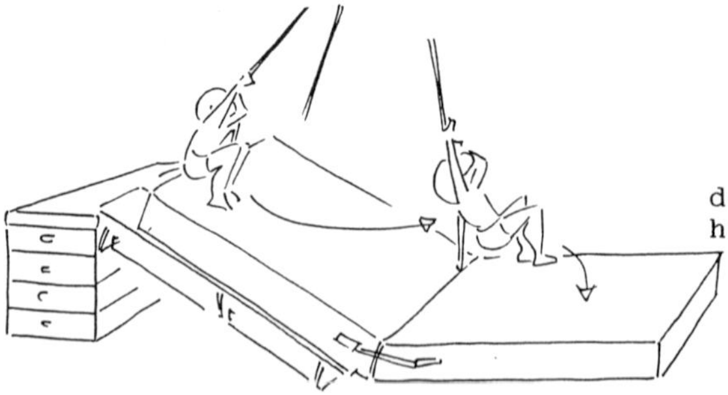

den Weichboden
hinunterrutschen

Hinweis: Kasten
ca. 2m hinter der
Tau-Senkrechten

die Bank
hinunterrutschen

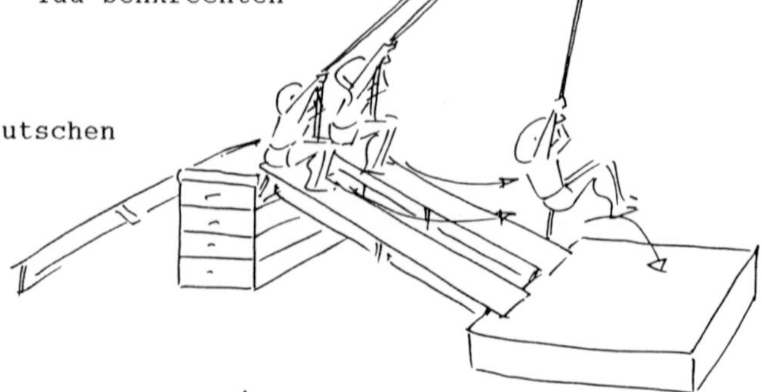

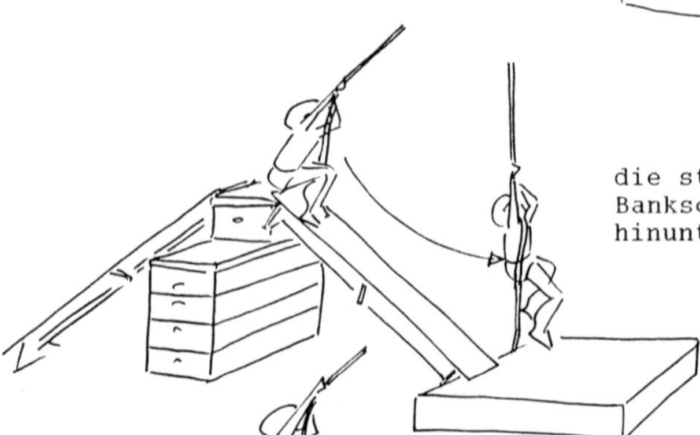

die steile
Bankschräge
hinunter

die steile
Mattenschräge
hinunter

aus dem Sitz
vom Kasten

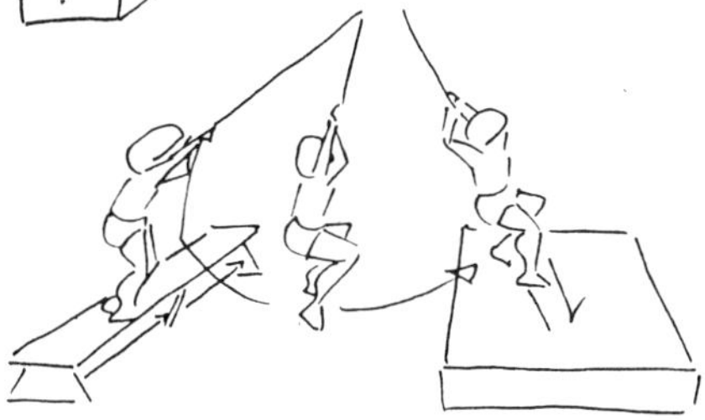

von einer Bank
auf einen
Weichboden

von Mattenhügel
zu Mattenhügel

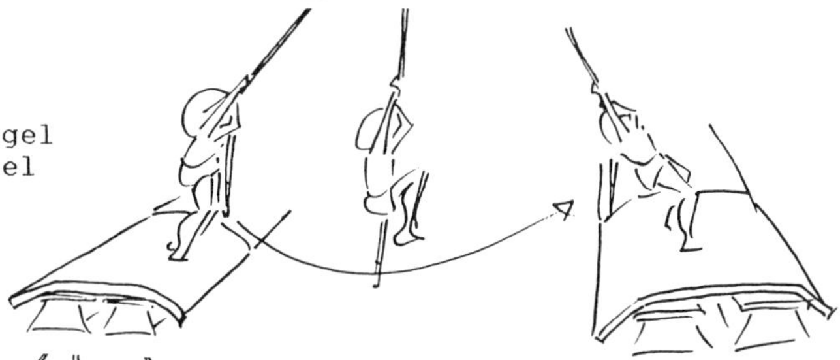

von Bank zu Bank

von Bank zu Bank
mit Balltransport

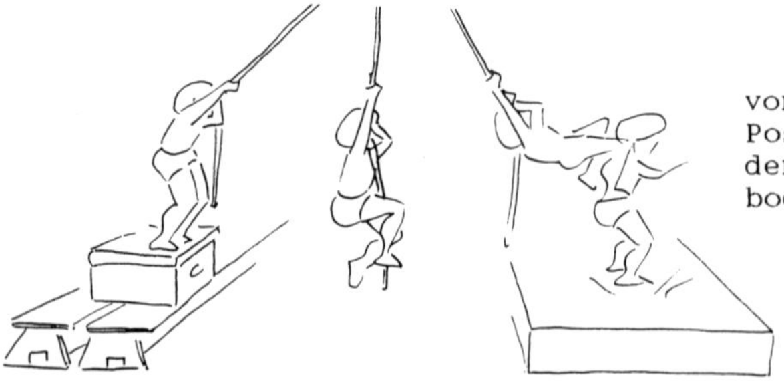

von erhöhter Position in den Weichboden

von erhöhter Position hin und her

zu dritt von einer Bank auf einen Weichboden

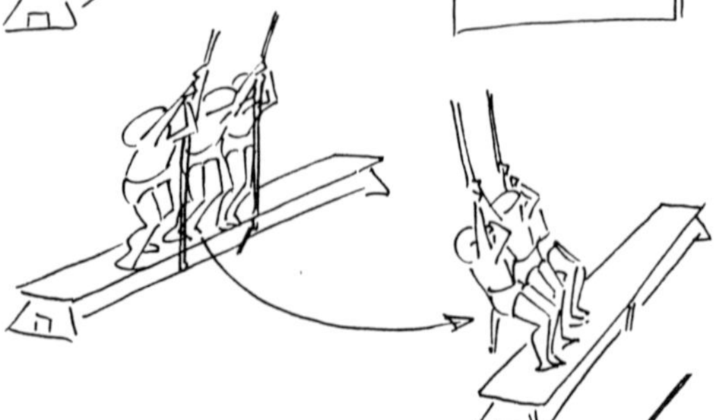

zu dritt von Bank zu Bank

zwischen zwei Bänken mit verschiedenen Aufgaben

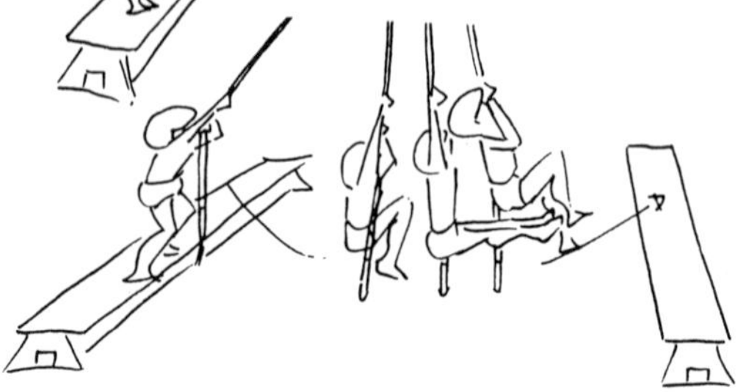

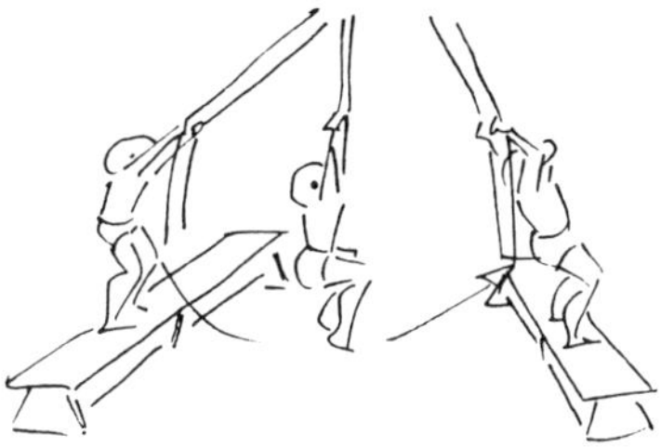

von Bank zu Bank
an zwei Tauen

von Kasten zu
Kasten und
zwischen ihnen
hin und her

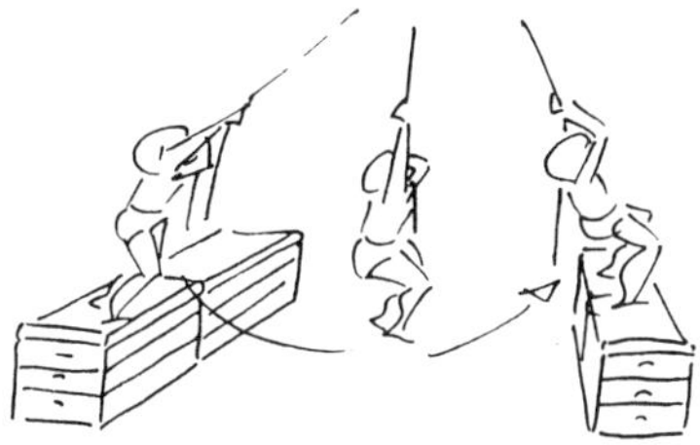

von Kasten zu
Kasten an zwei
Tauen

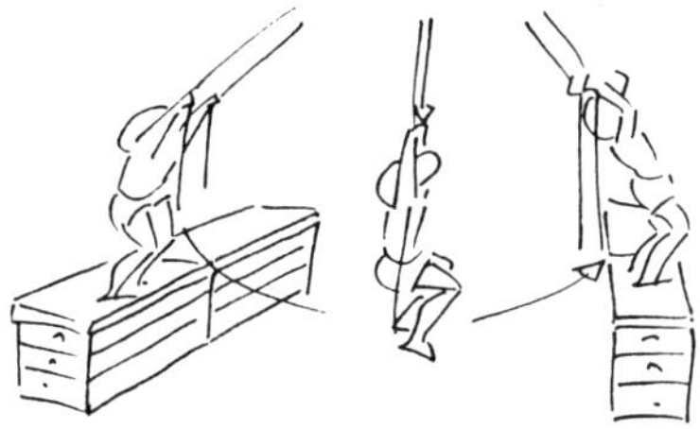

zwischen hohen
Kästen hin und
her

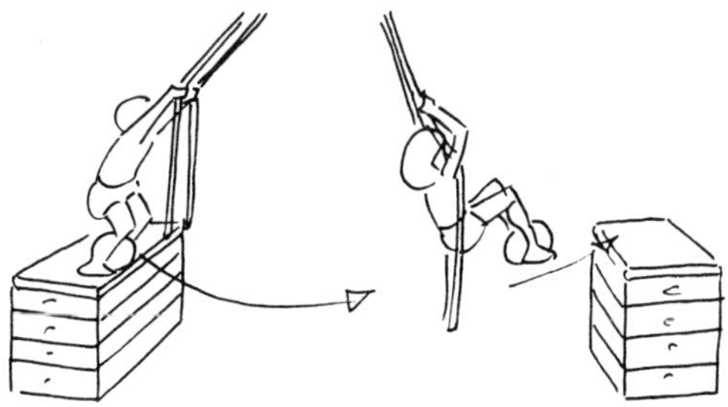

von Kasten zu
Kasten an zwei
Tauen mit
Balltransport

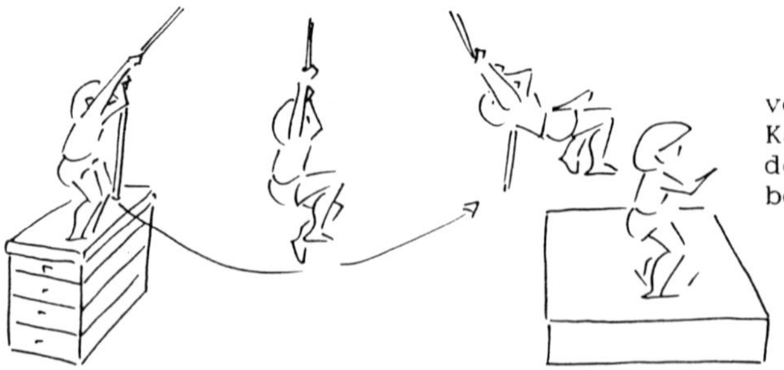

vom hohen Kasten in den Weichboden

mit zwei Tauen

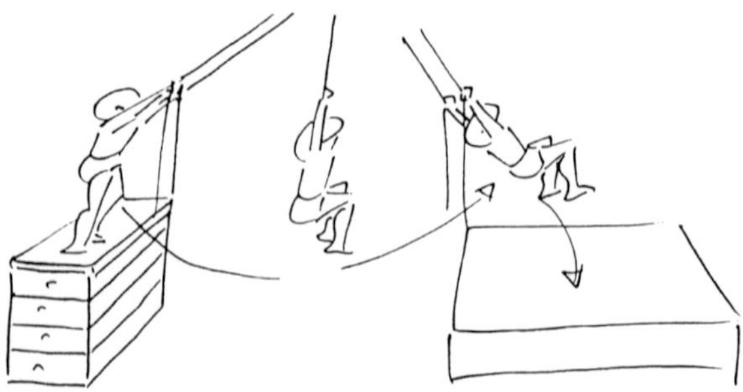

mit halber Drehung zur Landung

mit Drehschwung über eine Leine

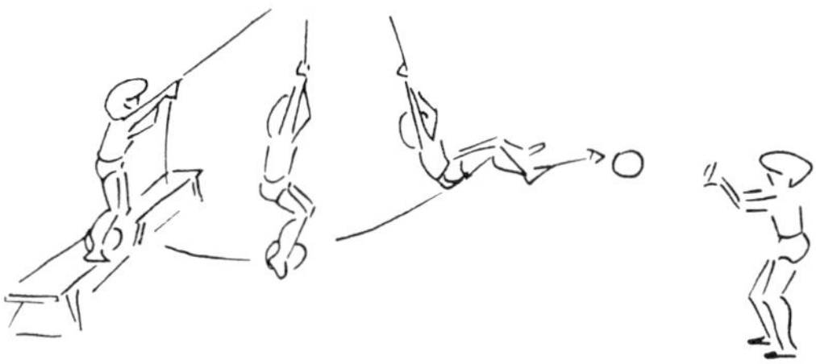

vorschwingen mit
"Ballwurf"

Gruppenwettspiele
(nicht auf Zeit)

Ballwurf
(z.B. 10mal, ohne
daß der Ball zu
Boden fällt)

von Kasten zu Kasten

hin und zurück

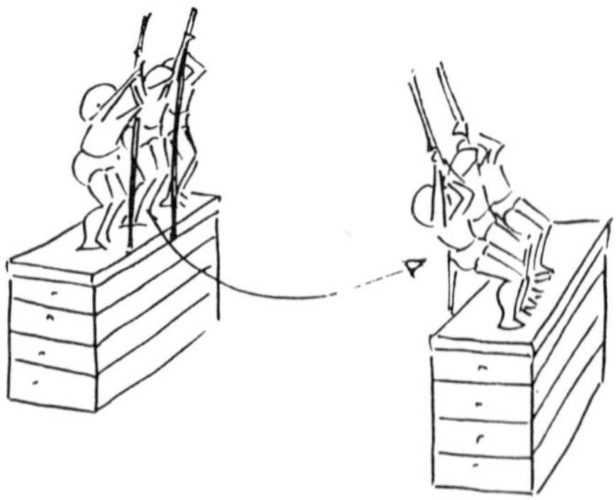

zu dritt von Kasten
zu Kasten und zwischen
den Kästen hin und her

so erfassen wir
die Taue

vorlaufen und klimmen
an einem Tau

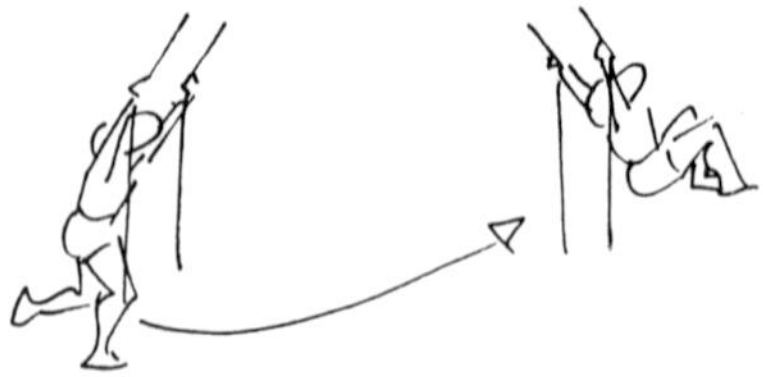

an zwei Tauen

aufschwingen
auf den
Mattenberg

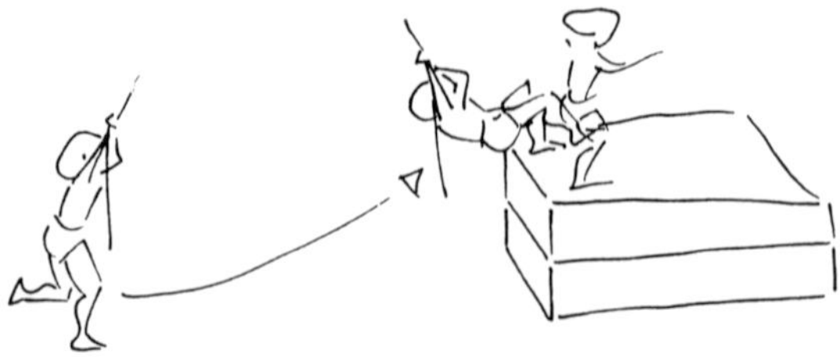

mit halber Drehung

mit halber Drehung
über eine Leine

mit zwei Tauen

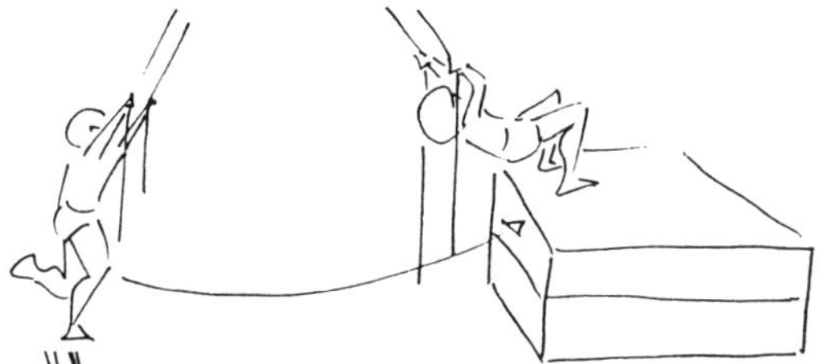

aufschwingen auf
den hohen
Mattenberg

an einem Tau

an zwei Tauen

aufschwingen auf
den Kasten

und drüber hinweg

an zwei Tauen

und drüber hinweg

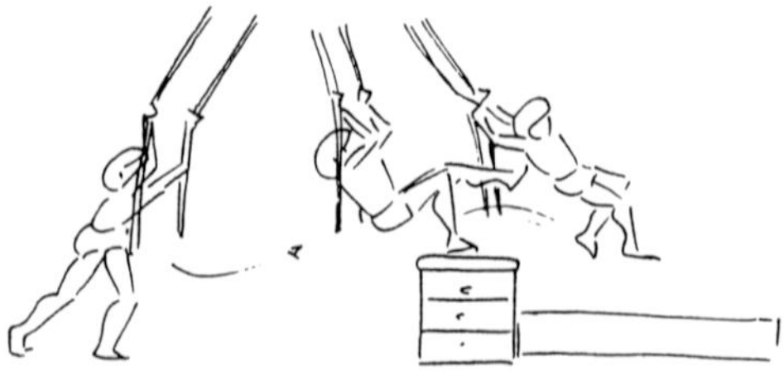

aufschwingen auf
den hohen Kasten

mit den not-
wendigen
Differen-
zierungen

von der niedrigen
Bank auf den
höheren Kasten

auf den höheren
Mattenhügel

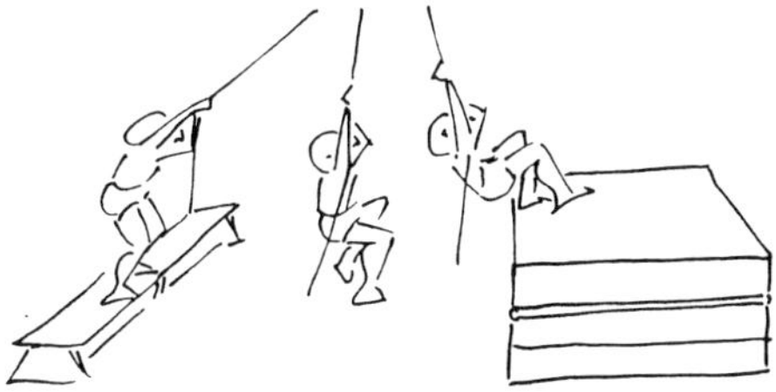

auf den hohen
Mattenhügel

auf den hohen
Kasten

mit den not-
wendigen
Differen-
zierungen

mit zwei Tauen

an den Ringen

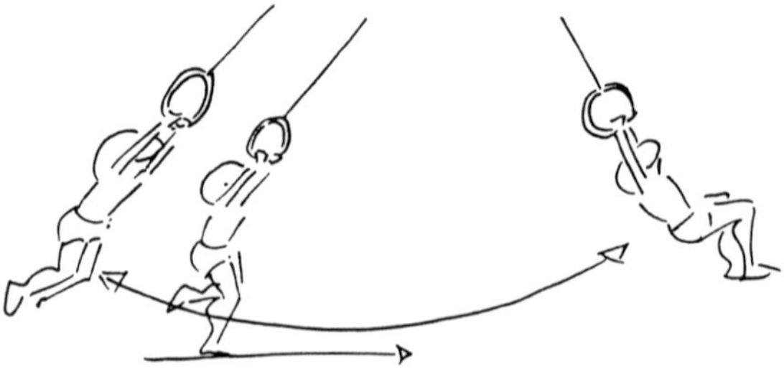

schwingen an
einem Ring

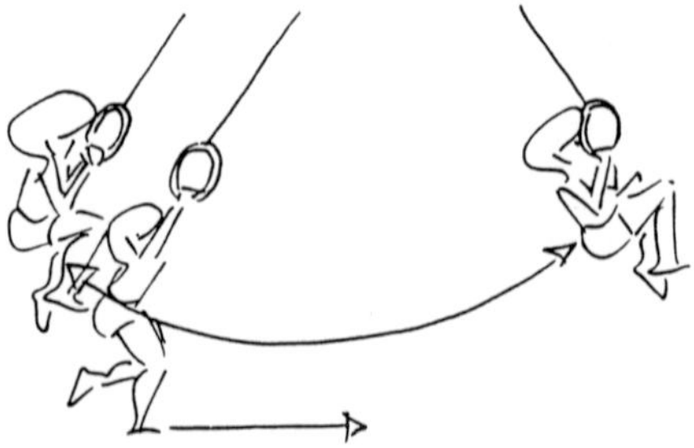

mit Klimmen

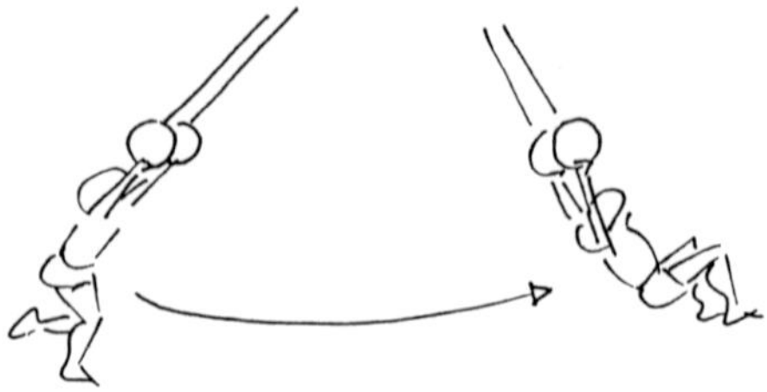

an zwei Ringen

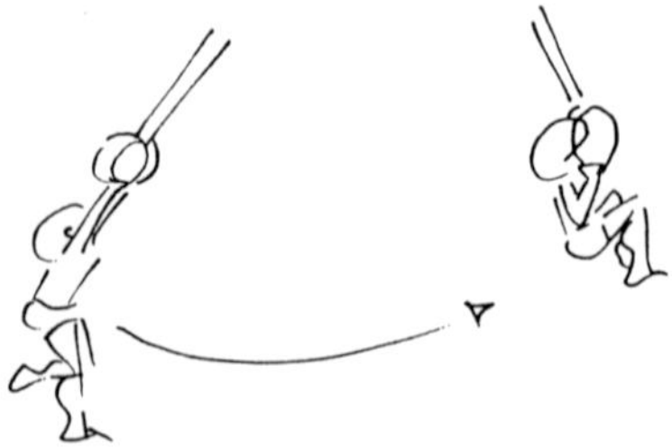

mit Klimmen

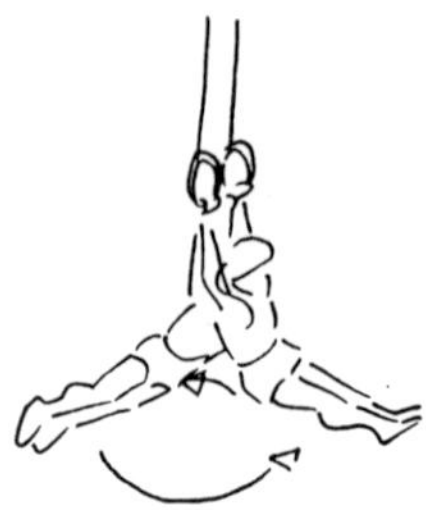

Schwungkreisel

mit den Armen

mit den Beinen

an festen Geräten

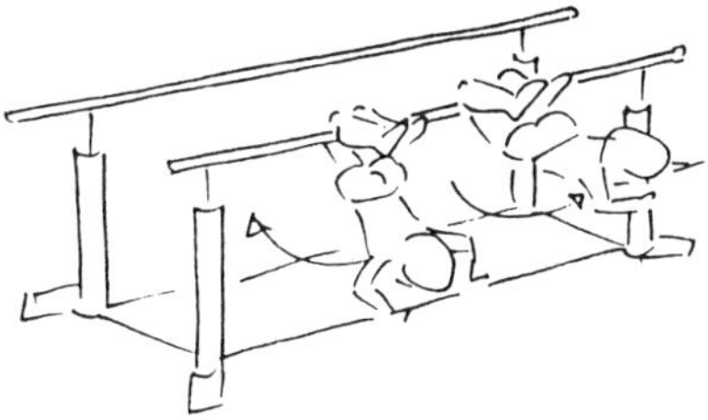

kniehangschaukeln
am Barrenholm

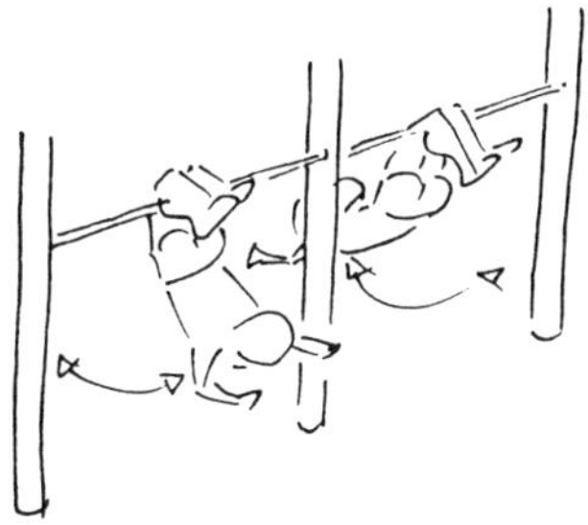

und am Reck

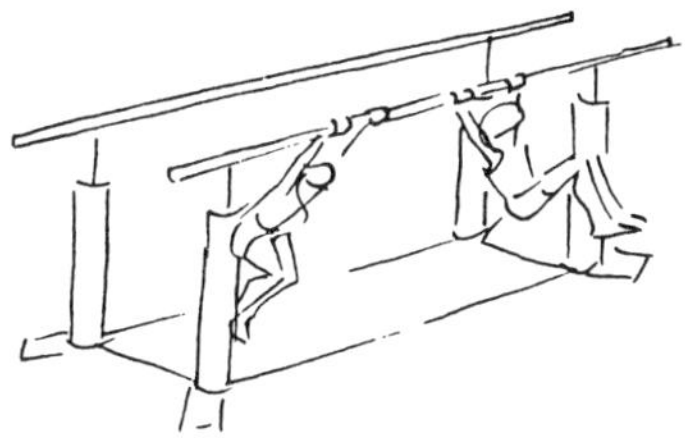

schaukeln am
Barrenholm

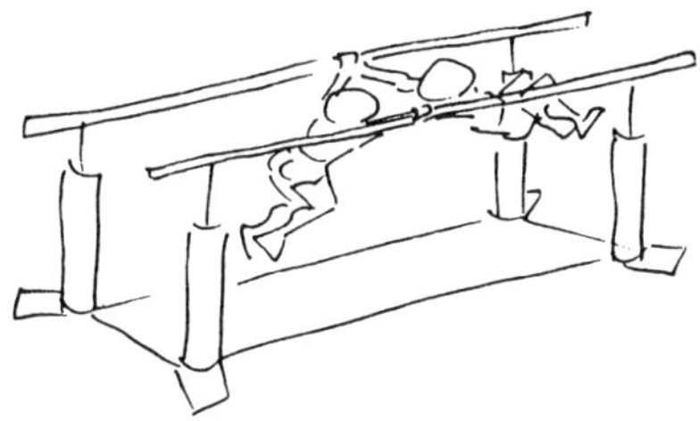

und in der
Barrengasse

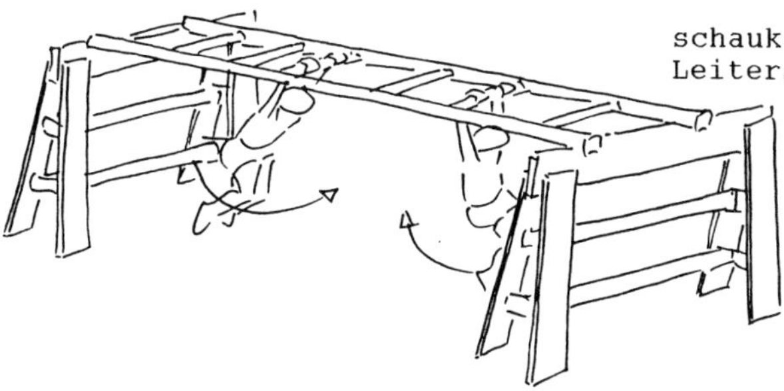

schaukeln an der
Leitersprosse

hockschwingen
am Balken

hangstandlaufen

hockschwingen
am Reck

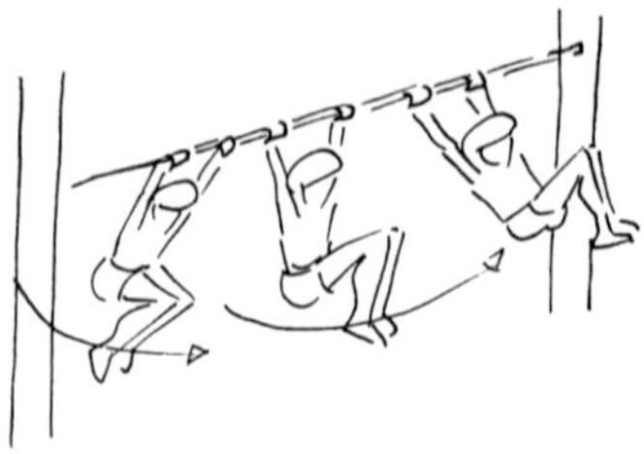

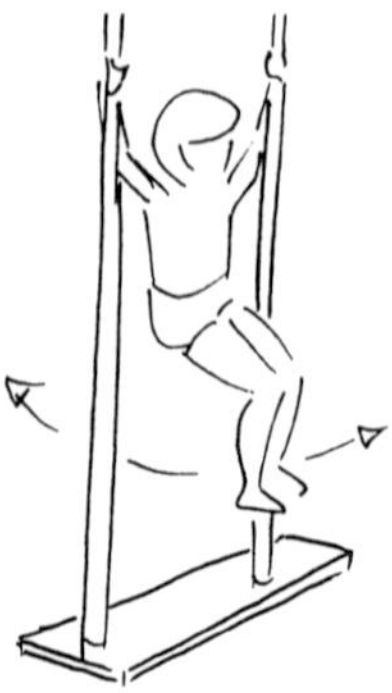

schaukeln an
den Kletterstangen

6.2.5 Rollen

Das Thema Rollen umfaßt den Erfahrungsbereich der Drehungen um die Längs- und um die Breitenachse sowie Vorwärts- und Rückwärtsdrehungen um und an Geräten. Ihr Reiz liegt in der im kopfüber-kopfunter beruhenden Empfindung, ein kleines Kunststück zu vollbringen. Von etwas herunter-, auf etwas hinauf-, über etwas hinüberrollen und durch eine geschickte Körperdrehung eine besondere Position auf einem Gerät zu erreichen — alles das sind Aufgabenstellungen, die das Thema fesselnd machen. Besondere körperliche Anforderungen liegen im Bereich der Orientierung im Raum sowie der Körperbeherrschung im Sinne einer Koordination der Körperteile zueinander.

seitwärtsrollen

flach an der
Bankschrägen

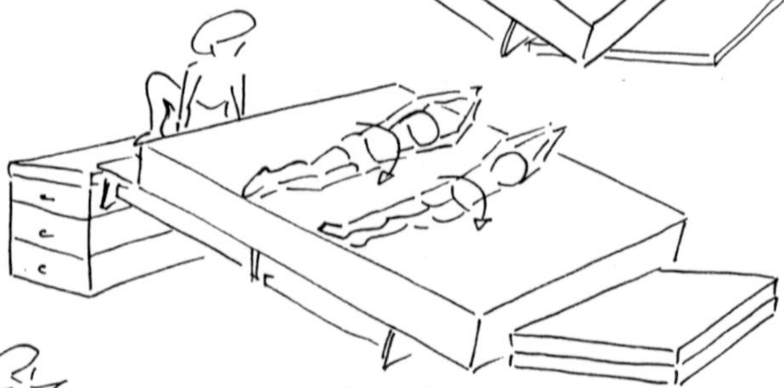

steiler
am Kasten

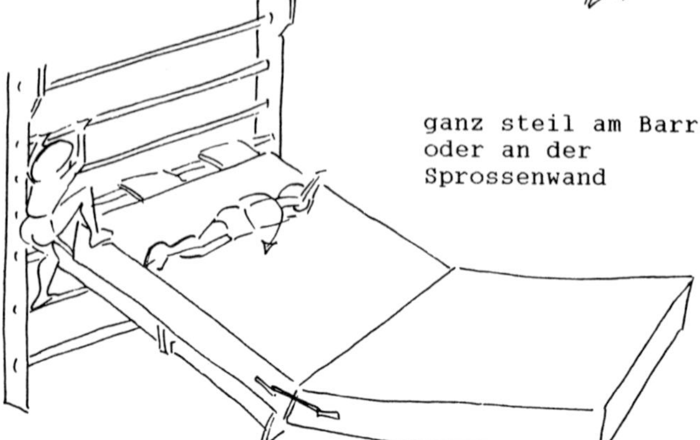

ganz steil am Barren
oder an der
Sprossenwand

vorwärtsrollen

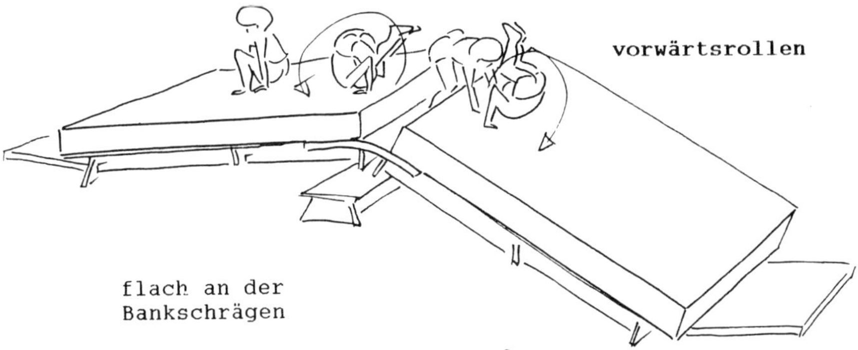

flach an der
Bankschrägen

steiler am
Kasten

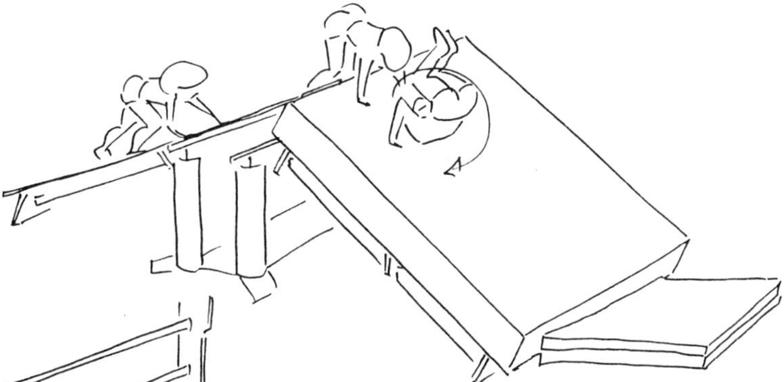

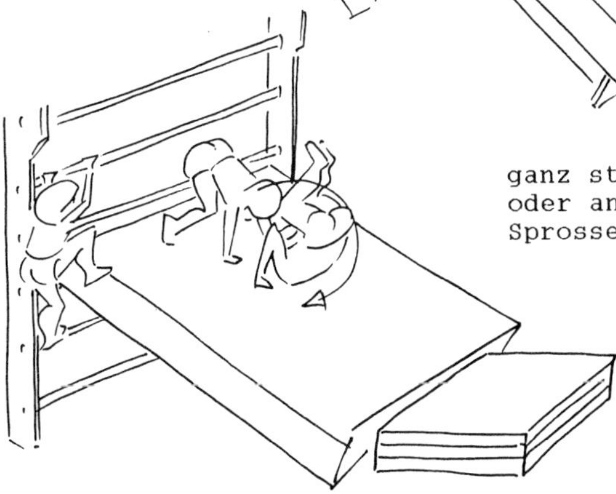

ganz steil am Barren
oder an der
Sprossenwand

rückenschaukeln

schwungvolles Aufstehen
aus der Kerze

über die Bank
krabbeln und
abrollen

über die Bank
ziehen und
abrollen

die Bankschräge
auf allen
Vieren
hinunter
und
abrollen

mit Sprungbrett
als Rollhilfe

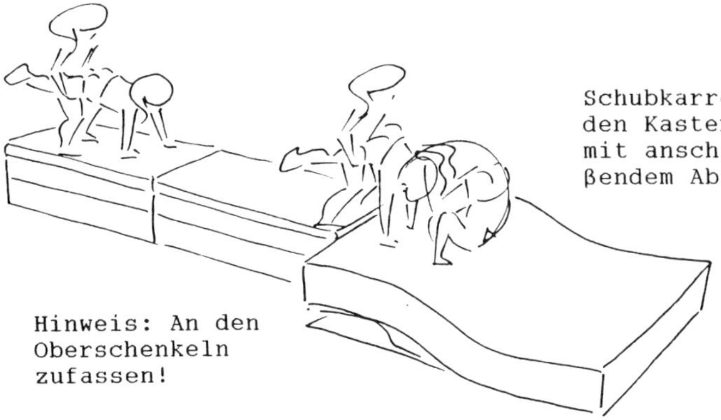

Schubkarre über den Kastensteg mit anschließendem Abrollen

Hinweis: An den Oberschenkeln zufassen!

abrollen aus dem Hockstand vom niedrigen Kasten

aus dem Knien vom höheren Kasten

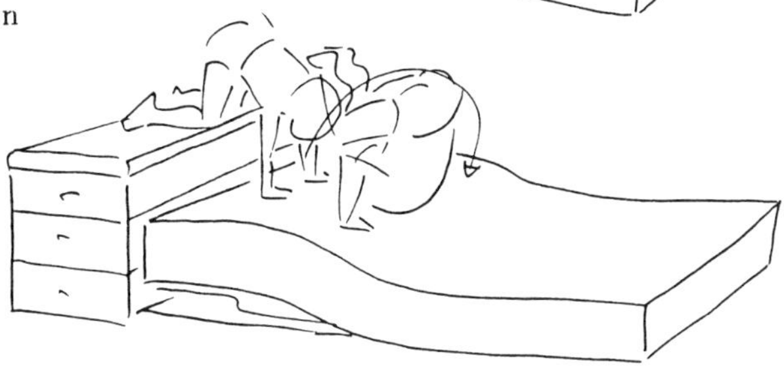

auf allen Vieren zum Abrollen vorwärts

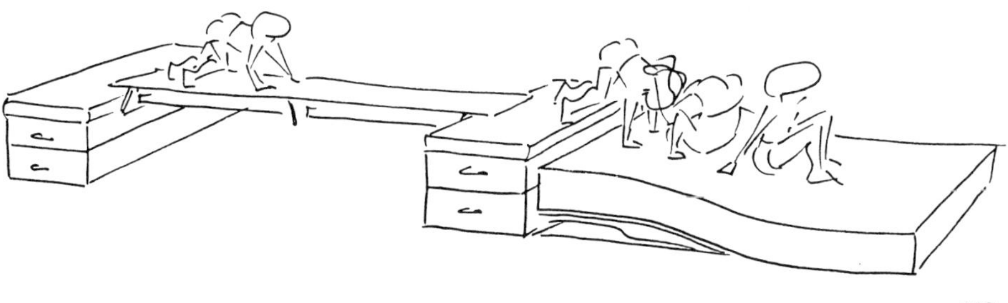

vorwärtsrollen an
der mit umgelegter
Bank und Sprungbrett
gebauten Schräge

aus dem Knien vom
kleinen Kasten

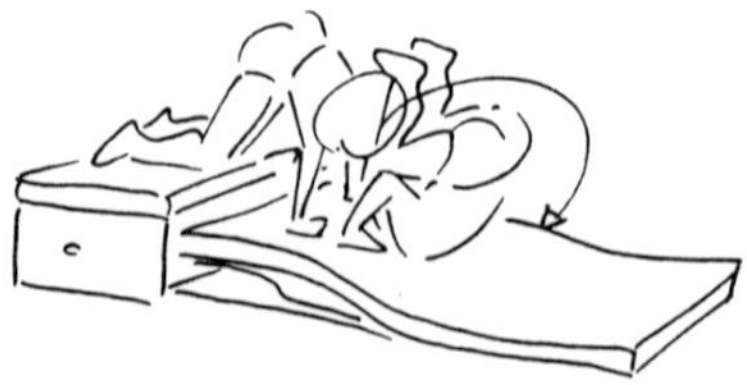

aus dem Hockstand
vom kleinen Kasten

aus der Bauchlage
vom großen Kasten

aus der Schubkarre
vom Kastensteg

aus der Schubkarre
mit Hochstützen

mit Sprung über einen schmalen Graben

rückwärtsrollen

an der flachen Bankschräge

steiler am Kasten

ganz steil am Barren

oder an
der Sprossenwand

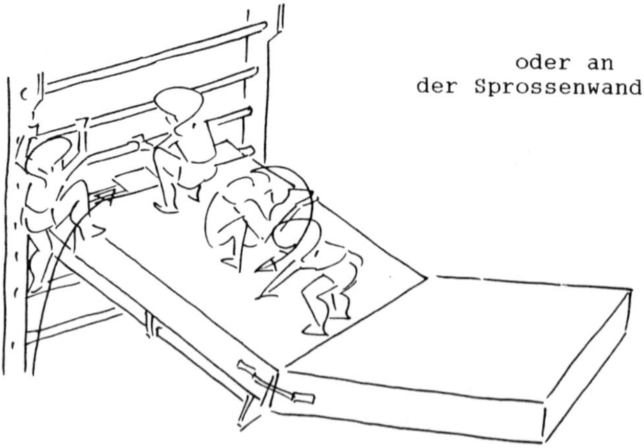

an der Schräge
aus kleinen
Kästen und
Sprungbrettern

zu zweit synchron

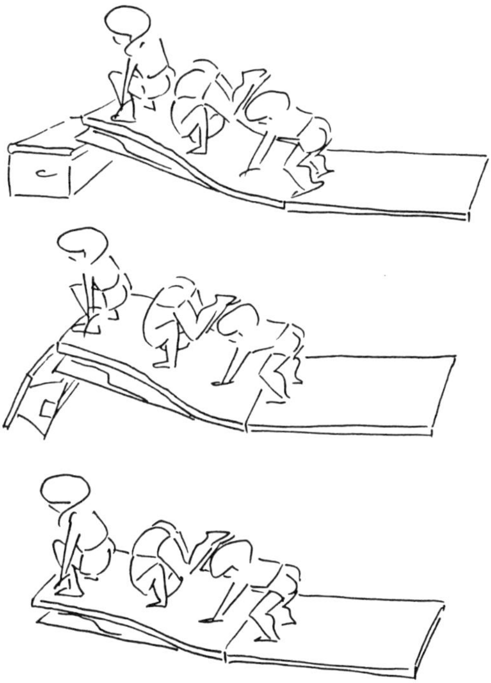

an der Mattenschräge
mit allmählich redu-
zierter Rollhilfe

mit reduzierter
Rollhilfe zu
zweit synchron

vorwärtsrollen an Geräten

um den Balken
am Stegel

die Füße leise aufsetzen
und vor der Landung noch
einmal über den Balken
schauen

am hohen Balken

an den Leitersprossen

am Barrenholm

am Reck

und auch hier vor der
leisen Landung noch
einmal über die Stange
schauen

aufwinden und abrollen
im Kreisdurchgang

am Stufenbarren

hochklettern und
abrollen am hohen
Holm

am hohen und am
niederen Holm

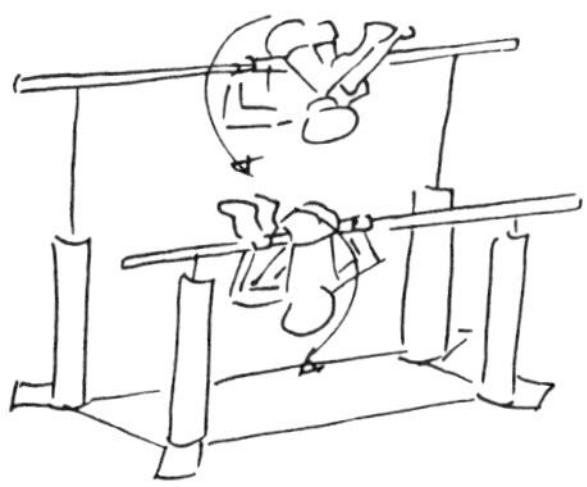

die Schräge hinauf
und abrollen

am Reck

am Stufenbarren

am Stufenbarren

hinauf, abrollen
und wieder
hinunter

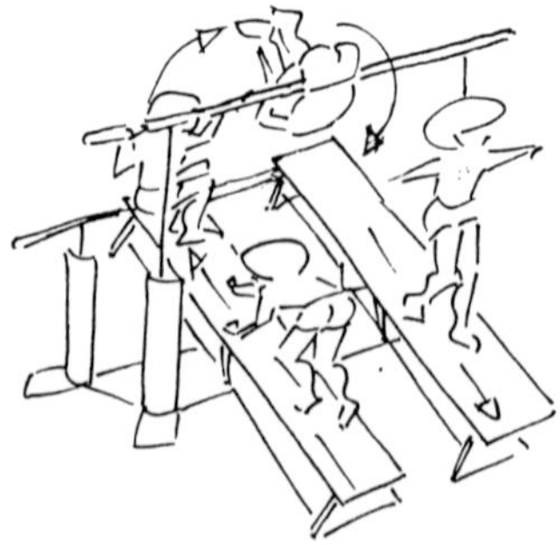

rückwärtsrollen an Geräten

im Hang in der
Barrengasse

im Hang am
Barrenholm

im Hang an den
Kletterstangen

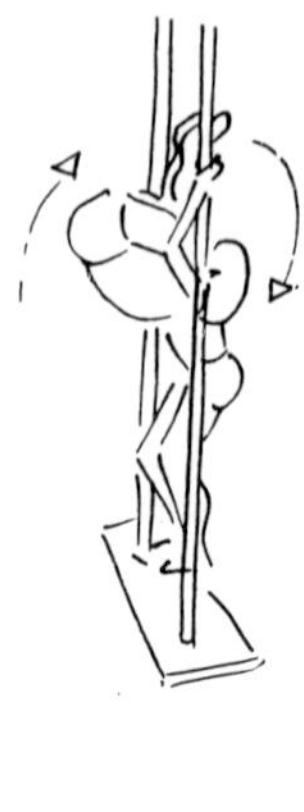

im Hang am Reck

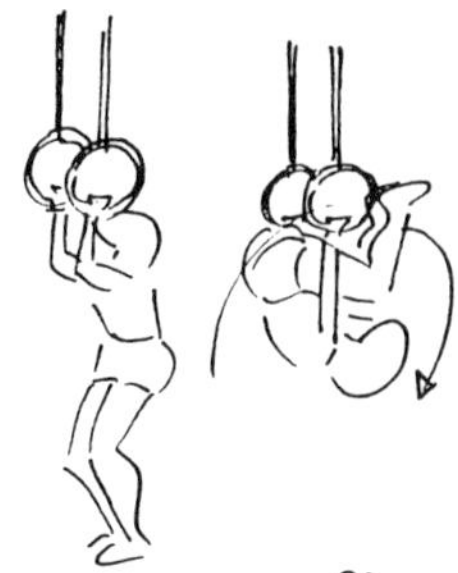

an den Ringen

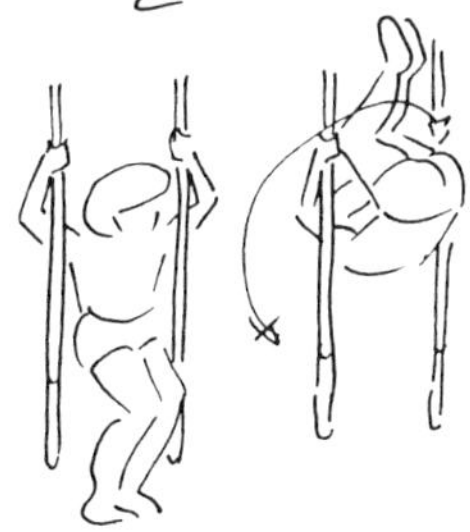

und an den Tauen

am Stegel

mit Sprossenwand
als Aufrollhilfe

am Stegel mit
Abdruck vom
unteren Balken

am Barren mit
Sprossenwand als
Aufrollhilfe

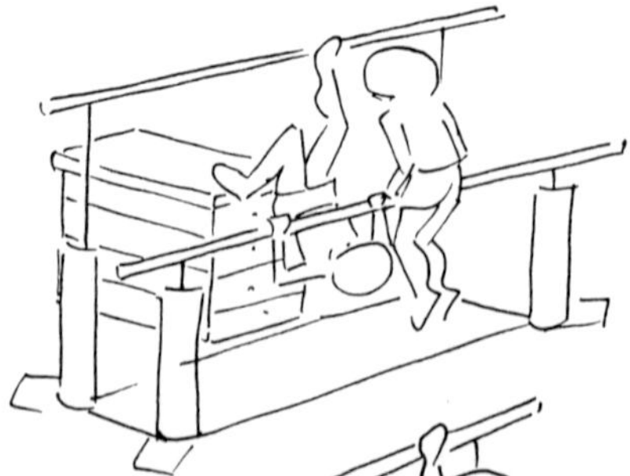

am unteren Holm
des Stufenbarrens
mit Kasten und
oberem Holm als
Aufrollhilfe

mit schrägem
oberen Holm
als Differen-
zierung

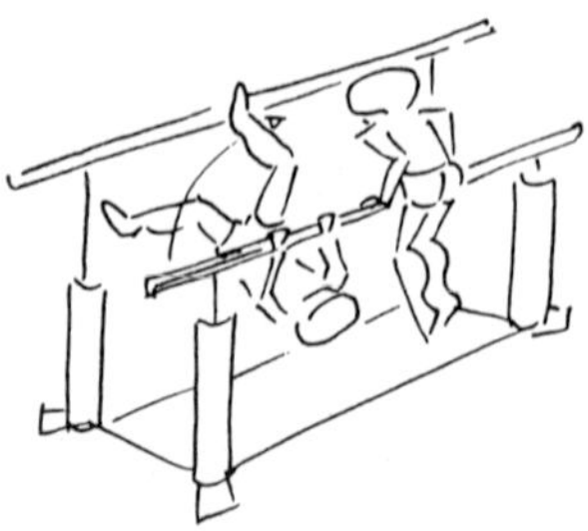

mit oberem Holm
als Aufrollhilfe

aufrollen am
unteren Holm
und hinab-
klettern über
den oberen Holm

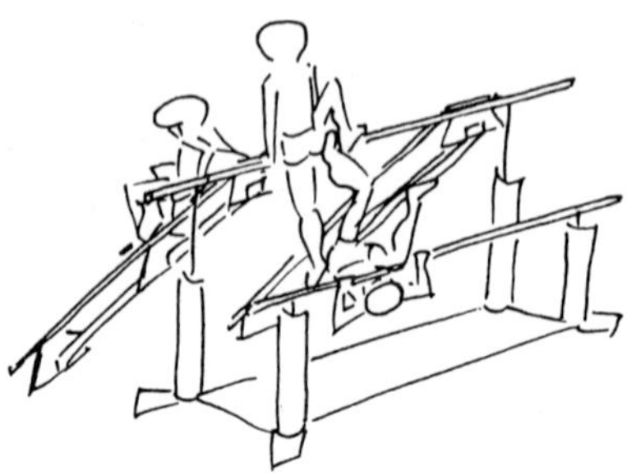

am Stufenbarren mit
Abdruck vom unteren
Holm

am Stufenbarren
nach Seitwärts-
hangeln über die
Länge des Barrens

am Reck mit schrägem
Kastendeckel als
Aufrollhilfe

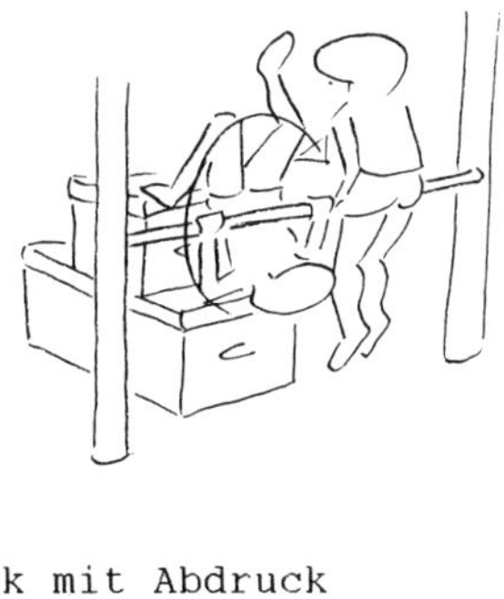

mit Hochlaufen
an der Kastentreppe

am Reck mit Abdruck
vom schrägen
Sprungbrett

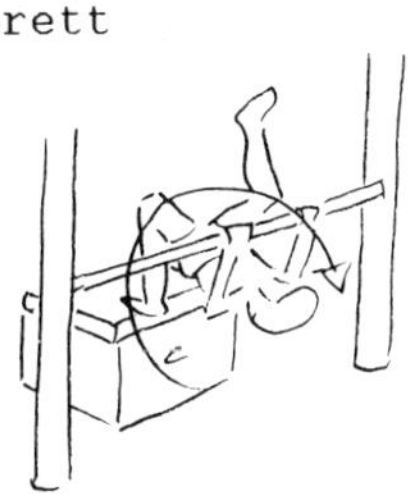

mit Abdruck vom
kleinen Kasten

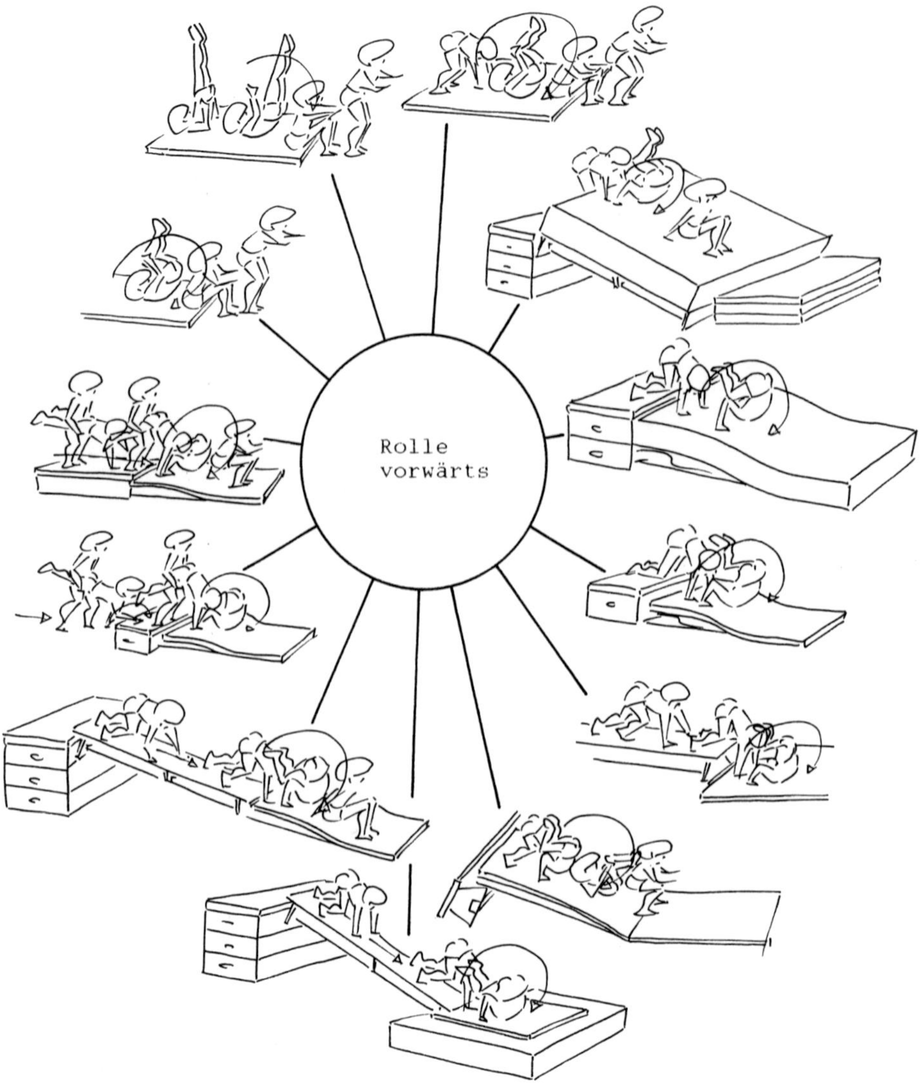
Rolle
vorwärts

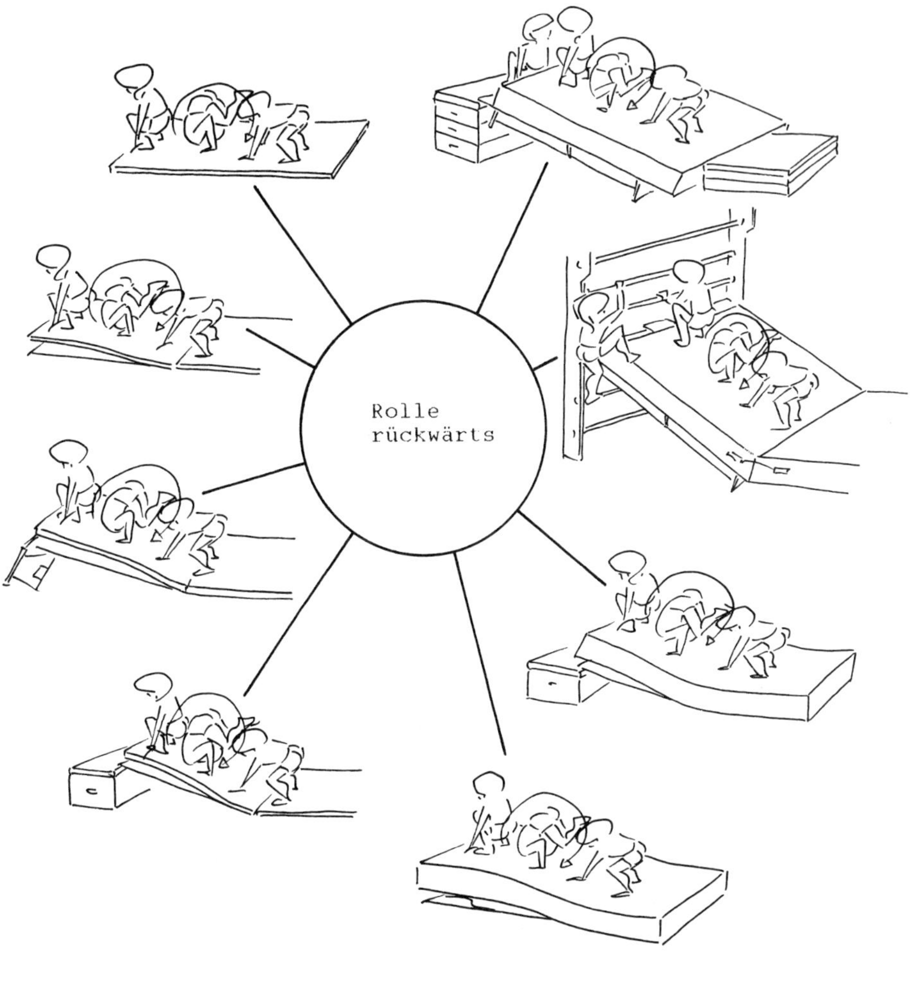
Rolle
rückwärts

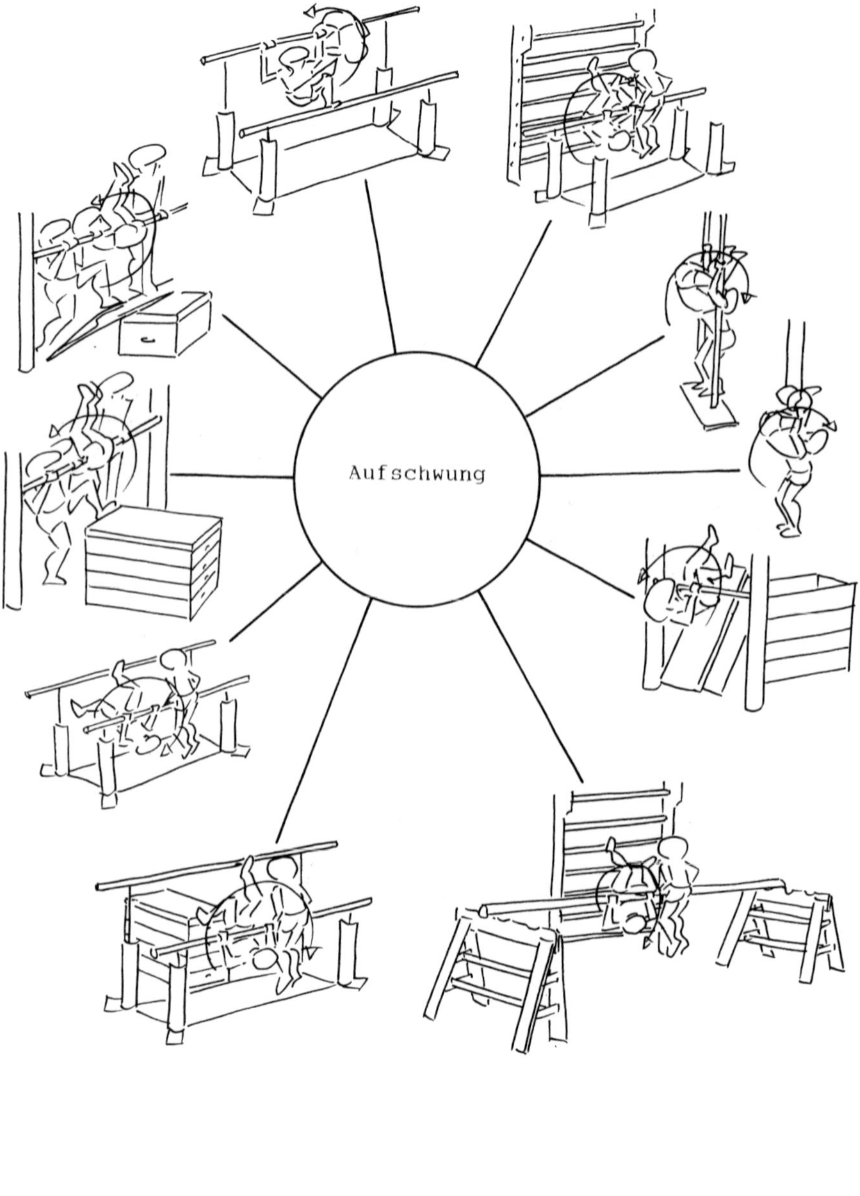
Aufschwung

Geräte-
kombinationen
- **Rollen** -

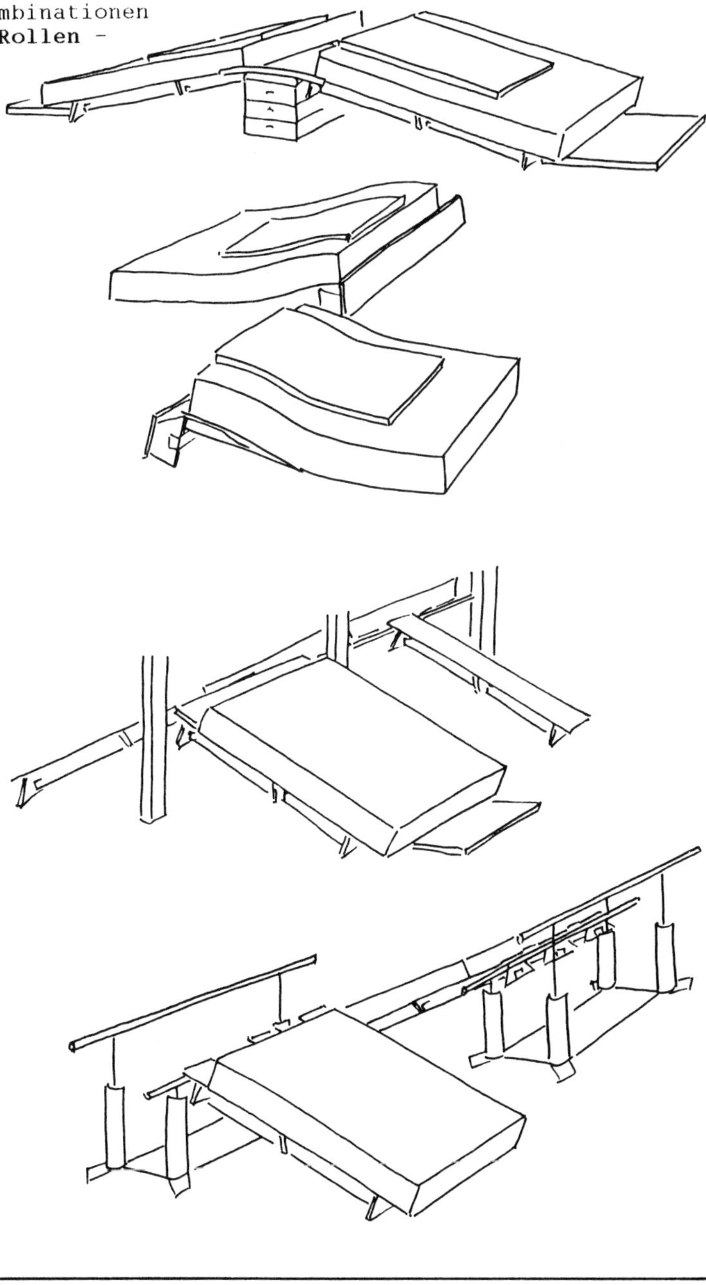

Geräte-
kombinationen
- **Rollen** -

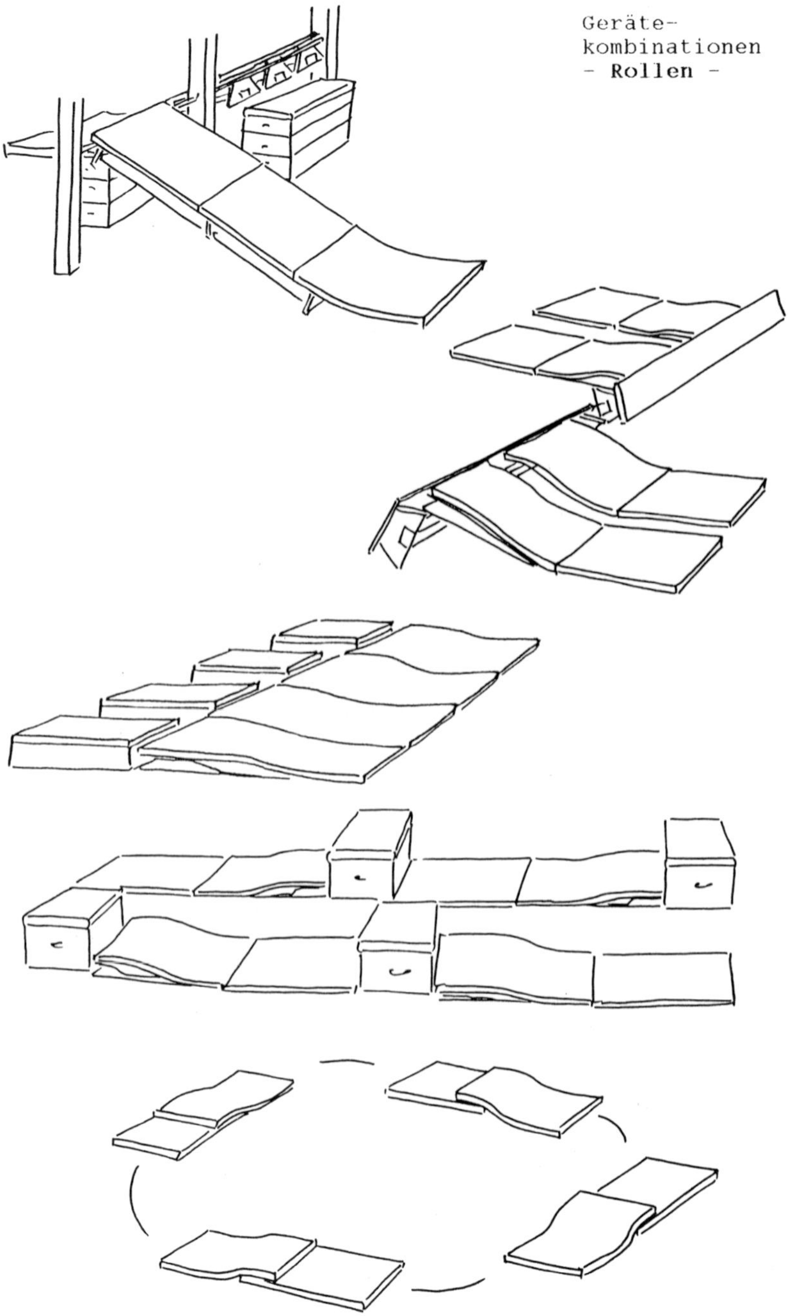

Geräte-
kombinationen
- **Rollen** -

Literaturverzeichnis

Bach, F./**Haupt,** U.: Sport für Vorschulkinder. Freising 1976
Bach, F./**Haupt** U.: Lernbereich Sport. München 1975
BAGUV (Hrsg.): Sicherheit im Schulsport, Heft 1, Unfallverhütung beim Gerätturnen. München 1982
Blumenthal, E.: Vorschulturnen an Geräten. Schorndorf 1988[5]
Czwalina, C. (Hrsg.): Methodisches Handeln im Sportunterricht. Schorndorf 1988
Dassel, H.: Risikobereich Gerätturnen. In: Sportpädagogik 12 (1988) 5, 45-48
Dassel, H.: Leistungsschwache Schüler im Turnunterricht. In: Sportunterricht 38 (1989) 6, 232-239
Dembinski, F.: Schulung der Kraft im Elementarbereich. In: Haltung und Bewegung, o.J. (1988) 4, 41-44
Der Kultusminister des Landes Nordrhein-Westfalen und die AOK in Nordrhein-Westfalen (Hrsg.): Gesundheitserziehung in der Schule durch Sport — Handreichung für die Primarstufe. Bonn 1988
Deutscher Turner-Bund (Hrsg.): Lehrplan Deutscher Turner-Bund 6, Kinderturnen. München 1984
Deutscher Turner-Bund (Hrsg.): Lehrplan Deutscher Turner-Bund 7, Vielseitiges Turnen an Geräten. München 1985
Dieckert, J./**Koch, K./Leist,** K.-H.: Methodische Übungsreihen im Gerätturnen. Schorndorf 1984[6]
Dörrer, H.-J.: Gerätturnen in der Primarstufe. In: Turnen und Sport 50 (1976) 1, 4-6
Ehni, H./**Kretschmer,** J./ **Scherler, K.:** Spiel und Sport mit Kindern, Reinbek 1985
Fiebrandt, K./**Heiny,** H./**Spies,** P.: Rollen und Überschläge, Sport in der Primarstufe Band 4. Frankfurt 1975
Frey, G./**Hildenbrandt,** E.: Gesundheitsförderung durch Schulsport aus trainingspädagogischer Sicht. In: Sportunterricht 37 (1988) 12, 451-459
Funke, J.: Sich-Bewegen als ästhetische Selbsterziehung — ein anthropologisches Bewegungsverständnis als Grundlage einer Turndidaktik. In: Sportunterricht 38 (1989) 12, Beilage Lehrhilfen, 177-183, und 39 (1990) 1, Beilage Lehrhilfen, 7-10
Funke, J.: Von der Methodischen Übungsreihe zur Differenzierten Erfahrungs-Situation. In: Sportpädagogik 11 (1987) 5, 14-21
Gehnen, W.: Gleichgewicht halten als Üben und Ausüben. In: Die Grundschulzeitschrift 2 (1988) 17, 22-23
Haupt, U.: ,,Orientierung am Kind'' — eine bestimmende Intention auch für den Sportunterricht der Grundschule. In: Ehrenwirth Grundschulmagazin 12 (1985) 10, 5
Haupt, U. u.a.: Praxis des Sportunterrichts in der Grundschule. München 1987
Hecker, G.: Brauchen wir einen Gesundheitssport? In: Sportunterricht 37 (1988) 12, 445-450
Herold, W./**Schwope,** F.: Abwechslungsreiches Turnen an den Tauen und Ringen. Celle 1988
Herrmann, K.: Elementare Formen des Boden- und Gerätturnens. Celle 1977
Knirsch, K.: Gerätturnen mit Kindern. Böblingen 1987[5]
Knirsch, K.: Turnpraxis in der Schule, Band 1 Primarstufe. Stuttgart 1981 2
Koch, K.: Vom Bockspringen zu den Längssprüngen. Schorndorf 1976[5]
Koch, K.: Grundschulturnen an Geräten. Schorndorf. 1984[8]
Koch, K.: Klettern und Steigen — Schwingen und Springen am Stufenbarren. Schorndorf 1977[5]
Koch, K./**Timmermann,** H.: Vom Steigen und Balancieren zum Turnen am Schwebebalken. Schorndorf 1980[4]
König, A.: Anmerkungen zur ,,Freizeitrelevanz'' des Gerätturnens. In: Sportunterricht 29 (1980) 10, 395-396

Kottmann, L./**Stibbe,** G.: Gesundheitsorientierung und Spaß im Schulsport — Widerspruch oder sinnvolle Ergänzung? In: Sportunterricht 37 (1988) 12, 461-468
Kretschmer, J.: Sport- und Bewegungsunterricht. München 1981
Kruber, D.: Sport in der Grundschule. Bonn 1982
Kruber, D.: Übungskarten zur Bewegungserziehung in Vor- und Grundschule, Teil 1, Teil 2. Bonn 1985
Kruber, D./**Cords,** J./**Beringer,** W.: Arbeitskarten für den Sportunterricht: Allgemeine Bewegungsschulung in der Grundschule. Schorndorf 1977
Krüger, M.: Schulturnen und Gerätturnen. In: Sportunterricht 35 (1986) 11, 405-413
Kunow, L./**Preugschat, F.:** Wir turnen am Lüneburger Stegel. Frankfurt 1963
Medler, M./**Räupke,** R.: Gerätturnen im 5./6. Schuljahr. Neumünster 1983[2]
Medler, M./Räupke, R.: Turnen am Minitrampolin. Neumünster 1983
Medler, M. u.a.: Gerätturnen Teil 2. Neumünster 1988
Meusel, H.: Vom Purzelbaum zum Salto. Schorndorf 1975[5]
Niedersächsisches Institut für Lehrerfortbildung, Lehrerweiterbildung und Unterrichtsforschung (Hrsg.): Sport in der Grundschule, 1. u. 2. Schuljahr 1988[5]
Sport in der Grundschule, 3. und 4. Schuljahr 1988
Räupke, R./**Koch,** K.: Vom Klettern und Klimmen zum Turnen an den Ringen. Schorndorf 1976[2]
Räupke, R./**Medler,** M.: Gruppenspaß an Schaukelringen. In: Sportunterricht 32 (1983) 10, 153-158
Schmaler, H./**Schuster,** A.: Auf dem Weg zum Helfen und Sichern in der Primarstufe / Vertrauen zum Partner. In: Turnen und Sport 59 (1985) 5, 108-109; 6, 140-142; 7, 165-166; 8, 188-189
Schwäbischer Turnerbund (Hrsg.): Beiträge zum Kinderturnen. Böblingen 1986 **Schwäbischer Turnerbund** (Hrsg.): Spielturnabzeichen des Schwäbischen Turnerbundes — ein Beispiel des „freien Turnens an Geräten" in Form eines Abzeichens. In: Sportunterricht 37 (1988) 9, 137-142
Schwope, F.: Turngeräte wiederentdecken. In: Turnen und Sport 62 (1988) 2, 33-36; 3, 56-59; 5, 226-229
Schwope, F.: Theorie und Praxis des Turnens. Gießen 1975
Seybold, A.: Sportunterricht in der Grundschule. Bad Heilbrunn 1981
Seybold, A.: Lieber Turnen an Geräten . . . In: Sportunterricht 39 (1990) 7, 270-271
Seybold, A.: Die Fortsetzung der „Gesundheitserziehung" und die gegenwärtige Unterrichtspraxis. In: Sportpraxis 31 (1990) 3, 8-10
Söll, W.: Vom Bildungswert des Gerätturnens. In: Sportunterricht 22 (1973) 9, 301-305
Söll, W.: Warum Gerätturnen in der Schule? In: Sportunterricht 39 (1990) 3, 107-112
Söll, W.: Es geht um das sportliche Gerätturnen . . . In: Sportunterricht 39 (1990) 7, 272-273
Spöhel, U. (Red.) u.a.: 1008 Spiel- und Übungsformen im Gerätturnen. Schorndorf 1987[4]
Sportpädagogik: Gerätesymbole für Hallenplan DIN A 2. In: Sportpädagogik 5 (1981) 3, Beilage
Trebels, A.H. (Hrsg.): Spielen und Bewegen an Geräten. Reinbek 1983
Trebels, A.H./**Crum,** B.: Turnen. In: Sportpädagogik 4 (1980) 5, 12-18